rororo

Klipp & Klar Lerntrainer

Herausgegeben von Walter Kowalczyk und Klaus Ottich

Dr. Walter Kowalczyk, Jahrgang 1949, ist Schulpsychologe und als Lehrbeauftragter an der Universität Hannover tätig. Er ist Mitglied in der Aktion Humane Schule und in der Deutschen Gesellschaft für Lesen und Schreiben (DGLS).
Klaus Ottich, Jahrgang 1942, ist Oberstudienrat und arbeitet als Lehrer für Deutsch und Geschichte an einem Gymnasium.
Beide Herausgeber sind in der regionalen und überregionalen Fortbildung tätig. Sie haben zahlreiche Bücher und Aufsätze zu den Themen «Zusammenarbeit zwischen Elternhaus und Schule» und «Lernförderung» veröffentlicht und sich intensiv mit der Lern- und Gedächtnisforschung befasst. Im Rowohlt Taschenbuch Verlag sind bereits von ihnen erschienen: «Schülern auf die Sprünge helfen» (Nr. 19775), «Erfolgreich in der Schule» (Nr. 60189) und «Hausaufgaben – so klappt's besser» (Nr. 60491).

Rainer Schöneich, Jahrgang 1954, ist Schulleiter der Kieler Gelehrtenschule. Er unterrichtet Griechisch, Latein, Geschichte und Musik. Als Fachleiter für Alte Sprachen hat er Studienreferendare in den Fächern Griechisch und Latein ausgebildet.

Rainer Schöneich

Latein, 1. Lernjahr

Grammatik:

Kasuslehre, Modi, Infinitiv

Rowohlt Taschenbuch Verlag

Die Schreibweise entspricht den Regeln
der neuen Rechtschreibung.

Originalausgabe
Lektorat Katrin Helmstedt

Veröffentlicht im Rowohlt Taschenbuch
Verlag GmbH, Reinbek bei Hamburg, Januar 2000

Umschlaggestaltung Susanne Müller
Illustrationen Christof Tisch
Reihentypographie Iris Farnschläder
Layout Karen Kollmetz
Lithographie Grafische Werkstatt
Christian Kreher, Hoisdorf
Gedruckt auf Arctic Volume 115 g/qm
der Håfreströms AB Schweden
Gesetzt aus der Minion und Trade Gothic
auf Apple Macintosh in QuarkXPress 3.32
Gesamtherstellung Clausen & Bosse, Leck
Printed in Germany
ISBN 3 499 60493 0

Hinweis

Die **klipp & klar Lerntrainer** gibt es für viele Unterrichtsfächer und Klassenstufen. Eine Auswahl finden Sie auf Seite 96. Weitere Informationen liefert Ihnen die Rowohlt Revue, die Sie in jeder Buchhandlung kostenlos erhalten.

Inhalt

Liebe Eltern,

können Sie inzwischen das Frühlingsgedicht genauso gut aufsagen wie Ihr Kind? Fühlen Sie sich in Ihre eigene Schulzeit zurückversetzt, weil Sie versuchen, einen lateinischen Text zu entschlüsseln, obwohl Sie die Sprache selbst kaum beherrschen? Möglicherweise sind Sie in heller Aufregung, denn Ihr Kind hat schon wieder eine «Klassenarbeit verhauen». Vielleicht ist sogar die «Versetzung gefährdet»?
Wie viele Nachmittage haben Sie schon mit Ihrem Kind für die Schule gepaukt, sich Aufgaben ausgedacht, nach Erklärungen gesucht und sich überlegt, ob Lösungswege richtig oder falsch sind? Aber nicht nur das zerrt an Ihren Nerven, auch die Stimmung ist mies. Wenn Sie mit Ihrem Kind gemeinsam für die Schule büffeln, ist dies sicher oft mit Auseinandersetzungen und Tränen verbunden. «Ich kapier das eh nie.» – «Ich will endlich zu meinen Freunden.» – «Mein Lehrer hat mir das aber ganz anders erklärt.» Und Sie hatten sich den Nachmittag wahrscheinlich auch schöner vorgestellt.
Selbst wenn Sie im Moment gestresst und ratlos sind: In der Regel können Kinder jeden Lernstoff begreifen. Wichtig ist, dass durch eine abwechslungsreiche Darbietung des Stoffes individuelles Lernen ermöglicht und Freude an der Auseinandersetzung mit einem Thema gefördert wird. Hier liegt eine Stärke der *klipp & klar Lerntrainer*. Ein weiterer Vorteil ist, dass Ihr Kind mit den *klipp & klar Lerntrainern* **selbständig** arbeiten kann: Der Lernstoff wird verständlich, anschaulich und in kleinen Schritten dargestellt. Lerntipps erleichtern Ihrem Kind das Verstehen, Anwenden und Behalten. Durch Tests wird geprüft, ob das Gelernte auch sicher sitzt.
Mit den *klipp & klar Lerntrainern* können aber nicht nur erfolgreich Probleme in bestimmten Fächern ausgeräumt werden, sie eignen sich auch hervorragend, wenn Ihr Kind sein Wissen bei einzelnen Themen aufpolieren oder sich gezielt auf eine Klassenarbeit vorbereiten möchte. Die *klipp & klar Lerntrainer* helfen Ihnen dabei, dass die Nachmittage mit Ihrem Kind wieder entspannter verlaufen.

Walter Kowalczyk und Klaus Ottich

Liebe Lehrerin, lieber Lehrer,

in jeder Klasse begegnen Ihnen Schülerinnen und Schüler, die Probleme mit bestimmten Themen haben. Besorgte Eltern haben sich an Sie gewandt und um Rat und spezielle Lerntipps gebeten. Viele sind unsicher, wie sie ihr Kind erfolgreich unterstützen können, und fühlen sich beim Erklären schulischer Lerninhalte verständlicherweise überfordert. Das gemeinsame Üben belastet häufig die ganze Familie. Sicher gibt es auch Schülerinnen und Schüler, denen Sie gern geeignetes Übungsmaterial empfehlen würden, damit sie selbständig Schwächen abbauen und ihre Leistungen verbessern können.

Überzeugen Sie sich selbst: Mit den *klipp & klar Lerntrainern* kann jeder Schüler seine Defizite selbständig aufarbeiten:

- Der Lernstoff wird verständlich, anschaulich und in kleinen Schritten dargestellt.
- Die abwechslungsreiche Darbietung des Stoffes fördert individuelles Lernen und die Motivation, sich mit einem Thema auseinander zu setzen.
- Alle Fachbegriffe werden erläutert, sodass Verständnisprobleme gar nicht erst entstehen.
- Lerntipps erleichtern das Verstehen, Anwenden und Behalten.
- Das Üben in sinnvollen Lernetappen unterstützt den Lernerfolg.
- Durch Tests wird überprüft, ob das Gelernte auch sitzt.

Und auch Sie selbst können die *klipp & klar Lerntrainer* mit Gewinn nutzen:

- als Vorbereitung für Ihren Unterricht,
- als Differenzierungsmaterial für Ihre Klasse,
- als Lernprogramm für Ihren Förderunterricht.

Wir wünschen Ihnen viel Erfolg für Ihre Arbeit!
Walter Kowalczyk und Klaus Ottich

Liebe Schülerin, lieber Schüler,
so kannst du mit diesem Buch arbeiten:

Bevor du anfängst, blättere einfach mal in diesem Buch: Wo geht es um die Funktionen der Kasus? Hast du den Lösungsteil entdeckt? Wo findest du das Verzeichnis der wichtigsten Begriffe?

Und so gehst du vor:

1. Arbeite jeden Tag 30 Minuten lang mit diesem Buch.
2. Lies dir die Erklärungen genau durch. Wiederhole sie mit eigenen Worten. So erkennst du, ob du sie verstanden hast.
3. Schlage unbekannte Begriffe im Verzeichnis auf Seite 91–93 nach.
4. Bearbeite dann die Übungen. Einige davon löst du direkt im Buch. Die restlichen Aufgaben löst du in einem DIN-A4-Heft.
5. Schreibe mit Bleistift, damit du Fehler leichter verbessern kannst. Radiere falsche Lösungen aus und bearbeite diese Aufgaben noch einmal.
   Wenn du eine Vokabel nicht kennst, schlage diese gleich im Wörterbuch nach.
6. Wichtig! Kontrolliere und berichtige deine Lösungen sofort! Alle Lösungen stehen hinten im Buch ab Seite 78.
7. Drei Tests zu den einzelnen Kapiteln findest du auf den Seiten 73–77. Trage dein persönliches Testergebnis in das Bewertungsschema ein und ermittle deine Note.

Ich wünsche dir viel Erfolg!

Die Funktionen der Kasus

Hinweis

Benutze dieses Kapitel später auch zum Nachschlagen. Die Lernposter ab Seite 48 helfen dir dabei.

Im Lateinischen und im Deutschen gibt es bei den **Funktionen der verschiedenen Kasus** Übereinstimmungen, aber auch Unterschiede. Ich zeige dir vor allem die Unterschiede zwischen den beiden Sprachen. Dabei musst du nicht alle Informationen auswendig lernen, so wie etwa die Formen der Deklination und Konjugation. Entscheidend ist, dass du die Funktion des jeweiligen Kasus verstehst.

Der **Vokativ** (der Anrede-Fall) ist lediglich ein Einschub, der den Bau des Satzes nicht beeinflusst. Du brauchst nur zu wissen, was im folgenden Kasten steht.

Der **Vokativ** hat in allen Deklinationen die gleiche Form wie der Nominativ. Ausnahme: die Wörter der o-Deklination auf ‚-us' im Singular. ‚Dominus' wird im Vokativ zu ‚domine'.

Die Kasus werden in der Abfolge Nominativ, Akkusativ, Dativ, Genitiv und Ablativ behandelt. Diese Reihenfolge orientiert sich daran, wie wichtig für einen Satz der jeweilige Kasus ist.

Beispiel

Der Satz ‚Gustavus librum dat' («Gustav gibt ein Buch») besteht aus Subjekt, Akkusativ-Objekt und Prädikat. Dieser Satz ist grammatisch richtig und sinnvoll.
Der Satz ‚Gustavus Mariae dat' («Gustav gibt Marie») ist grammatisch nicht vollständig und nicht sinnvoll, da er nur aus Subjekt, Dativ-Objekt und Prädikat besteht. Es fehlt in diesem Satz ein Akkusativ-Objekt, z. B. ‚librum' («ein Buch»). Dieser Satz zeigt, dass bei den meisten Verben das Akkusativ-Objekt wichtiger ist als das Dativ-Objekt.

Der Nominativ

Die Funktion des Nominativs ist im Lateinischen und im Deutschen gleich.

Jeder **Nominativ** ist entweder das Subjekt oder gehört zum Subjekt als attributives Adjektiv oder als Prädikatsnomen. Den Nominativ findest du mit Hilfe der Frage «Wer oder was?».

Beispiel

a) **Gustavus** vocat. — Gustav ruft.
(**Substantiv** im Nominativ als **Subjekt**)

b) Gustavus **studiosus** vocat. — Der fleißige Gustav ruft.
(**Adjektiv** im Nominativ als **Attribut**)

c) Marcus **amicus** venit. — Der Freund Marcus kommt.
(Ist das Attribut ein **Substantiv**, so heißt es **Apposition.**)

d) Gustavus **discipulus** est. — Gustav ist ein Schüler.
(**Substantiv** im Nominativ als **Prädikatsnomen**)

Hinweis

Jeder **Nominativ** hat etwas mit dem Subjekt zu tun. Aber: Nicht jedes Subjekt steht im **Nominativ**.

Der Akkusativ

Die folgende Mindmap zeigt dir im Überblick fünf Funktionen des Akkusativs.

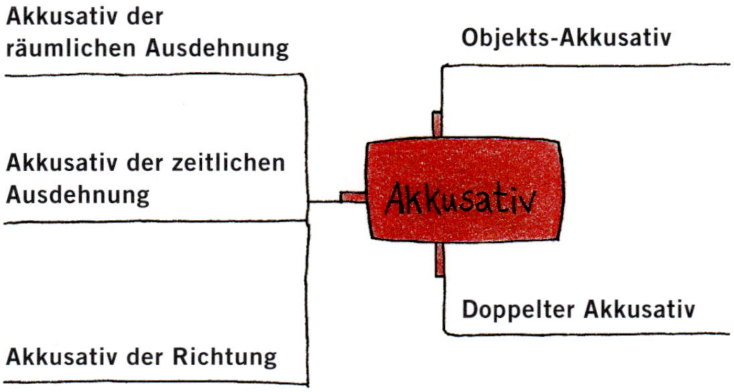

Der **Akkusativ** ist der Kasus des näheren oder direkten Objekts, auf das sich die Handlung direkt richtet. Er hat die Funktion, die Richtung der Handlung anzugeben.

Der Akkusativ als Objekts-Akkusativ

Dies ist die häufigste Funktion des Akkusativs.

Den **Objekts-Akkusativ** findest du mit Hilfe der Frage «Wen oder was?».

Beispiel

Gustavus **Mariam** vocat. Gustav ruft **Marie**.
Akkusativ-Objekt auf die Frage «Wen oder was?»:
Die Handlung des Prädikats richtet sich **direkt** auf Marie.

Bei den meisten Verben stimmen das Lateinische und das Deutsche überein. Es gibt aber auch eine Reihe von Verben, die im Lateinischen den Akkusativ bei sich haben, während sie im Deutschen mit einem anderen Fall verbunden sind.

Beispiel

sequī **amīcum**	=	**dem Freund** folgen
AO		DO
spērāre **glōriam**	=	**auf Ruhm** hoffen
AO		Präpositionalausdruck

Tipp

Ist dir die Bedeutung eines Begriffs nicht klar, lies auf Seite 91–93 nach.

Merke dir folgende Verben, die im Lateinischen transitiv (d. h. mit einem Akkusativ-Objekt verbunden), im Deutschen aber intransitiv (d. h. mit einem Dativ-Objekt bzw. Präpositionalausdruck verbunden) sind:

Beispiel

fugere aliquem	fliehen vor jemandem
(ad)aequāre aliquem	jemandem gleichkommen
sequī aliquem	jemandem folgen
(ad)iuvāre aliquem	jemandem helfen
ulcīscī aliquem	(sich) an jemandem rächen

Zu dieser Gruppe gehören auch unpersönliche Verben.

Beispiel

mē fugit aliquid	etwas entgeht mir
mē iuvat aliquid	etwas freut mich = es gefällt mir
mē decet aliquid	etwas gehört sich für mich
mē dēdecet aliquid	etwas gehört sich nicht für mich

Manche Verben haben im Lateinischen einen anderen Kasus als im Deutschen. Lerne diese Information immer gleich mit.

Tipp

Beispiel

(ad)iuvāre **aliquem**	**jemandem** helfen
AO	DO

Der Akkusativ als doppelter (Objekts-)Akkusativ

Bei einigen Verben steht neben dem **Objekts-Akkusativ** ein zweiter **prädikativer Akkusativ**. Du findest ihn mit Hilfe der Fragen «Wofür?», «Wozu?», «Als was?».

Beispiel

Dieser Akkusativ steht vor allem nach den folgenden Verben: ‚dīcere' (machen, wählen, nennen), ‚habēre' (halten), ‚sūmere' (haben, nehmen, geben), ‚praestāre' (sich zeigen, sich bewähren).

Übung 1

1. Schreibe bei den folgenden Sätzen unter jedes Satzglied die entsprechende Abkürzung (S, AO, Pr).
2. Unterstreiche in jedem Satz den zweiten prädikativen Akkusativ.
3. Überprüfe zunächst die Lösungen zu 1. und 2. mit Hilfe des Lösungsteils. Übersetze dann die Sätze in deinem Heft.
4. Notiere, wie im Deutschen der zweite Akkusativ jeweils wiedergegeben wird.

a) Pater Gustavum studiosum dicit.

____

b) Gustavus Marcum amicum habet.

____

c) Pater Gustavum comitem sumit.

____

d) Maria fortem se praestat.

____

Überprüfe die Übung mit Hilfe des Lösungsteils.

Der Akkusativ als adverbiale Bestimmung

Als Formen der Umstandsbestimmung (der adverbialen Bestimmung) kommen das Adverb und der Präpositionalausdruck vor. Aber auch ein Akkusativ allein kann die Funktion einer adverbialen Bestimmung übernehmen.

Manche Funktionen des Akkusativs haben sich im Laufe der Zeit aus zunächst anderen Funktionen heraus entwickelt. Der Akkusativ der räumlichen Ausdehnung zum Beispiel ist aus Formulierungen wie «einen Weg von fünf Kilometern gehen» = «fünf Kilometer gehen» entstanden.

Den **Akkusativ der räumlichen Ausdehnung** findest du mit Hilfe folgender Fragen: «Wie lang?», «Wie breit?», «Wie hoch?», «Wie tief?».

Beispiel

Fluvius trecentos pedes latus est.
Der Fluss ist dreihundert Fuß breit.

Tipp

Merke dir die Eselsbrücke:
Auf die Fragen «Wie lang?», «Wie breit?», «Wie hoch?», «Wie tief?»
steht im Lateinischen der Akkusativ.

Den **Akkusativ der zeitlichen Ausdehnung** findest du mit Hilfe der Frage «Wie lange?».
Auf die Fragen «Für wann?», «Bis wann?» antwortet der Akkusativ mit der Präposition ‚in'.

Beispiel

Amicae unam horam ambulant.
Die Freundinnen gehen eine Stunde (lang) spazieren.

in cenae tempus   bis zur Essenszeit

Der Akkusativ kann auch die Richtung oder das Ziel nach Verben der Bewegung angeben.
Du findest den **Akkusativ der Richtung** mit Hilfe der Frage «Wohin?».
Er steht bei Namen von Städten und kleineren Inseln.

Beispiel

Pater cum Gustavo et Maria Romam venit.
Der Vater kommt mit Gustav und Marie nach Rom.

Pater cum Gustavo et Maria Delum navigat.
Der Vater reist mit Gustav und Marie per Schiff nach Delos.

Hinweis

Als größere Inseln gelten: Britannia, Creta, Euboea, Sardinia. Bei diesen steht – ebenso wie bei den Namen von Ländern – die Präposition ‚in' + Akkusativ.

Beispiel

in Siciliam venire   nach Sizilien kommen

Übung 2

Zeichne zunächst die Mindmap zum Akkusativ von Seite 12 in dein Heft.
Ergänze dann beim jeweiligen Kasus die Frage, mit der du ihn in einem Text findest.

Überprüfe die Übung mit Hilfe des Lösungsteils.

Übung 3

Ergänze im folgenden Text die fehlenden Wörter.

Der Akkusativ gibt die R______________________

an. Als Objekts-Akkusativ gibt der Akkusativ an, worauf sich

die Handlung des ______________________ richtet.

Ein zweiter ____________________ Akkusativ steht

neben dem Objekts-Akkusativ nach Verben wie __________

____

____

________. Die Funktion einer a__________________

B_____________________ hat der Akkusativ als Akkusativ

der räumlichen und zeitlichen A_________________

sowie als Akkusativ der R________________ .

Überprüfe die Übung mit Hilfe des Lösungsteils.

Der Dativ

Die folgende Mindmap zeigt dir im Überblick acht Funktionen des Dativs.

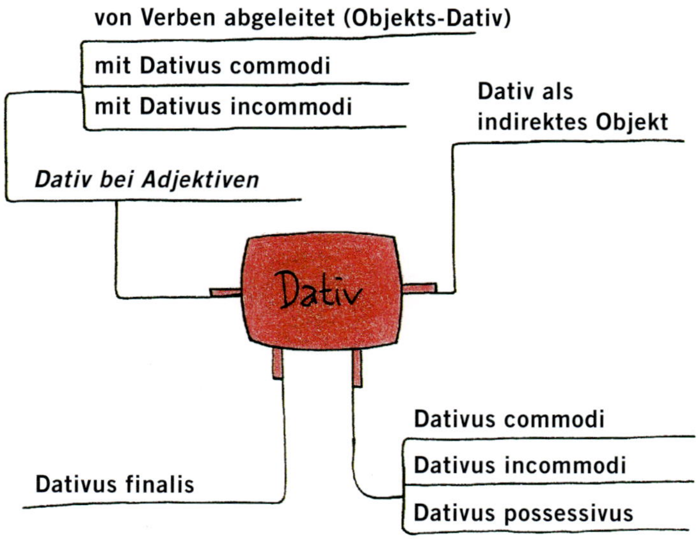

Der **Dativ** ist der Kasus des entfernteren oder des indirekten Objekts, das von einer Tätigkeit nicht direkt (unmittelbar) betroffen ist.

Beispiel

Im Satz ‚Gustavus Mariae librum dat' – «Gustav gibt Marie ein Buch» – ist das Akkusativ-Objekt ‚librum' unmittelbar (direkt) von ‚dat' abhängig. Das Dativ-Objekt ist nicht unbedingt notwendig, der Satz wäre auch schon mit dem Subjekt, Akkusativ-Objekt und Prädikat sinnvoll. Das Dativ-Objekt ‚Mariae' ist von ‚dat' weiter entfernt als ‚librum'. Es ist vom Prädikat nur indirekt abhängig.

Der Dativ als indirektes Objekt

Diese Funktion des Dativs ist die häufigste. Sie wird im Lateinischen ebenso gebraucht wie im Deutschen.

Du findest den **Dativ als indirektes Objekt** mit Hilfe der Frage «Wem?».

Beispiel

Gustavus **Mariae** librum dat. Gustav gibt **Marie** ein Buch.

Dativ-Objekt auf die Frage «Wem?»:
Die Handlung des Prädikats richtet sich **indirekt** auf Marie.

Bei den meisten Verben stimmen das Lateinische und das Deutsche überein. Es gibt aber auch eine Reihe von Verben, die im Lateinischen den Dativ bei sich haben, während sie im Deutschen mit einem anderen Fall (z. B. mit dem Akkusativ) oder einem Präpositionalausdruck verbunden sind.

Beispiel

persuadēre **dominō** (DO)	=	**den Herrn** (AO) überreden
dīcere **fīliae** (DO)	=	**zur Tochter** (Präpositionalausdruck) sagen

Tipp

Lerne bei den Verben, die im Lateinischen einen anderen Kasus haben als im Deutschen, diese Information mit.

Beispiel

invidēre **alicui** (DO)	**jemanden** (AO) beneiden

Der Dativ als das beteiligte oder interessierte Objekt

Wir unterscheiden zwei Arten dieses Dativs.

Der **Datīvus commodī** oder **incommodī** (von ‚commodum', -ī n: «Vorteil»/‚incommodum', -ī n: «Nachteil») bezeichnet die Person oder Sache, zu deren Vorteil oder Nachteil etwas geschieht.
Du findest den **Datīvus commodī** mit Hilfe der Fragen «Für wen?», «In wessen Interesse?».
Den **Datīvus incommodī** findest du mit Hilfe der Frage «Zu wessen Nachteil?».

Beispiel

Non scholae, sed vitae discimus.
Wir lernen nicht für die Schule, sondern für das Leben.

In diesem Beispiel ist sowohl ein Dativus commodi (‚vitae') als auch ein Dativus incommodi (‚non scholae') enthalten.

Der **Datīvus possessīvus** (von ‚possidēre': «besitzen») zusammen mit ‚esse' bezeichnet den Besitzer. Du findest den **Datīvus possessīvus** mit Hilfe der Frage «Wem?».

Beispiel

Mariae equus est.

«Der **Marie** ist ein Pferd.»		=	**Marie** hat ein Pferd.	
DO	Nom		Nom	AO

Hinweis

In der wörtlichen Übersetzung steht im Deutschen wie im Lateinischen die Kopula mit dem Dativ. Viel häufiger sind allerdings im Deutschen Umformungen. In diesen Umformungen wird aus dem Dativ das Subjekt im Nominativ und aus dem Nominativ ein Akkusativ-Objekt.

Der Dativ als Dativ des Zweckes

Der **Datīvus fīnālis** (von ‚finis', -is m: «Ziel», «Zweck») bezeichnet den Zweck oder die Wirkung.
Du findest den Datīvus fīnālis in einem Text mit Hilfe der Frage «Wozu?».
Oft ist dieser Dativ mit einem weiteren Dativ (Dativ-Objekt oder Dativus commodi bzw. Dativus incommodi) zum doppelten Dativ verbunden.

Beispiel

Donum **Mariae gaudio** est.
Das Geschenk ist **Marie zur Freude** =
Das Geschenk macht Marie Freude.
Dativ-Objekt auf die Frage «Wem?» (Marie) +
Dativus finalis auf die Frage «Wozu?» (zur Freude).

Der **Datīvus fīnālis** steht nach ‚esse' in der Grundbedeutung von «gereichen», «dienen zu»:

praesidīo esse	zum Schutz dienen
cūrae esse	sich angelegen sein lassen
laudī esse	lobenswert sein («zum Lob dienen»)
cordī esse	am Herzen liegen
ūsuī esse	vorteilhaft sein («zum Vorteil gereichen»)
odiō esse	gehasst werden

Beispiel

Turris praesidio est.	Der Turm dient zum Schutz.

Im eben genannten Beispiel ist die Kopula ‚esse' mit einem Prädikatsnomen verbunden, das im Dativ steht und sich nicht auf ein bestimmtes Wort im Satz bezieht.

Das Prädikatsnomen im Dativ kann selber Bezugswort werden, sodass ein adjektivisches Attribut in KNG-Kongruenz zu ihm treten kann.

Beispiel

magnō	ūsuī	esse
At in KNG-Kongruenz zum Dat. fin.	PN	K

zu großem Vorteil gereichen = sehr vorteilhaft sein

Der Dativus finalis steht auch nach den Verben ‚dare' und ‚tribuere' in der Bedeutung «anrechnen als».

Beispiel

vitio dare	als Fehler anrechnen
ignaviae tribuere	als Feigheit anrechnen (auslegen)

In folgenden Redewendungen steht ebenfalls der **Dativus finalis:**

auxiliō arcessere, venīre, mittere	zu Hilfe rufen, kommen, schicken
colloquiō diem dīcere	einen Termin für eine Unterredung bestimmen

Beispiel

Romani sociis auxilio venerunt.
Die Römer kamen den Bundesgenossen zu Hilfe.
Caesar Germanis colloquio diem dixit.
Cäsar bestimmte den Germanen einen Termin für eine Unterredung.

Der Dativ bei Adjektiven

Nicht nur Verben, auch Adjektive und Adverbien haben den Dativ bei sich:
Sie sind von Verben, die den Dativ regieren, abgeleitet. Sie stehen also mit dem Objekts-Dativ.

Beispiel

irātus alicui (zornig auf jemanden) von īrāscī alicui (jemandem zürnen)

Hinweis

In solchen Fällen kann es vorkommen, dass das Verbum im Lateinischen und Deutschen die gleiche Konstruktion hat (‚īrāscī alicui' = «jemandem zürnen»), während das Adjektiv im Deutschen eine andere Konstruktion aufweist als im Lateinischen (‚īrātus alicui' ≠ «zornig auf»; im Deutschen steht ein Präpositionalausdruck).

Andere Adjektive oder Adverbien haben den Datīvus commodī oder incommodī bei sich (vergleiche zum Datīvus commodī und incommodī auch Seite 20).

Beispiel

iūcundus alicui	angenehm für jemanden
inimīcus alicui	feindlich gegen jemanden

Übung 4

Zeichne zunächst die Mindmap zum Dativ auf Seite 18 in dein Heft.
Ergänze dann beim jeweiligen Kasus die Frage, mit der du ihn in einem Text findest.

Überprüfe die Übung mit Hilfe des Lösungsteils.

Übung 5

Ergänze im folgenden Text die fehlenden Wörter.

Der Dativ ist der Kasus des ______________________

oder _________________________________, das von einer Tätigkeit nicht direkt betroffen wird. Als indirektes Objekt antwortet er auf die Frage _________. Als __________________________ oder Dativus incommodi bezeichnet er die Person oder Sache, zu deren Vorteil oder Nachteil etwas geschieht. Er antwortet auf die Fragen _______________,

____

____.

Der Dativus possessivus zusammen mit _________ bezeichnet den _______________. Er antwortet auf die Frage _________. Der __________________________ bezeichnet den Zweck oder die Wirkung. Er antwortet auf die Frage _________. Oft ist er mit einem weiteren Dativ zum __________________________ verbunden.

Der Dativ steht nicht nur mit Verben, sondern auch mit bestimmten A____________________ und A_________________. Entweder sind sie von ____ abgeleitet, oder sie haben den ______________ _________________ oder ___________________ bei sich.

Überprüfe die Übung mit Hilfe des Lösungsteils.

Übung 6

1. Unterstreiche im folgenden Text jeden Akkusativ und kreise jeden Dativ ein. Denke dabei auch an mögliche Attribute.
2. Lege in deinem Heft eine Tabelle nach folgendem Muster an:

AO	dopp. Akk.	Akk. als AB	DO	Dat. commodi	Dat. finalis
...	...	...	...	...	...

Trage aus dem Text alle Akkusativ- und Dativformen (mit Attributen) in die jeweils richtige Spalte mit Zeilenangabe ein.
3. Überprüfe zunächst die Lösungen zu 1. und 2. mit Hilfe des Lösungsteils.
Übersetze dann den Text und schreibe ihn in dein Heft.

Hinweis

Im Lateinischen ist das Dativ-Objekt meistens mit einem Akkusativ-Objekt verbunden. Wiederhole deshalb das Kapitel «Akkusativ» ab Seite 12.

Eine erfolgreiche List

Multos annos Graeci Troiam oppugnaverunt. Sed frustra. Nam Graecis neque milites fortes neque auxilium deorum usui erat. Tum Ulixes dolum invenit. Graeci equum ligneum aedificaverunt et ibi milites fortissimos occultaverunt. Graeci istum equum Troianis donum dederunt, sed ipsi naves conscenderunt et decem milia navigaverunt. Troiani equum ligneum viderunt et diem festum egerunt. Putabant enim istum equum donum deorum. Sed Troiani errabant. Nam Iuppiter Troianis inimicus erat. Itaque noctu milites Graecorum equum reliquerunt et Troianos necaverunt.

Überprüfe die Übung mit Hilfe des Lösungsteils.

Der Genitiv

Die folgende Mindmap zeigt dir im Überblick zehn Funktionen des Genitivs.

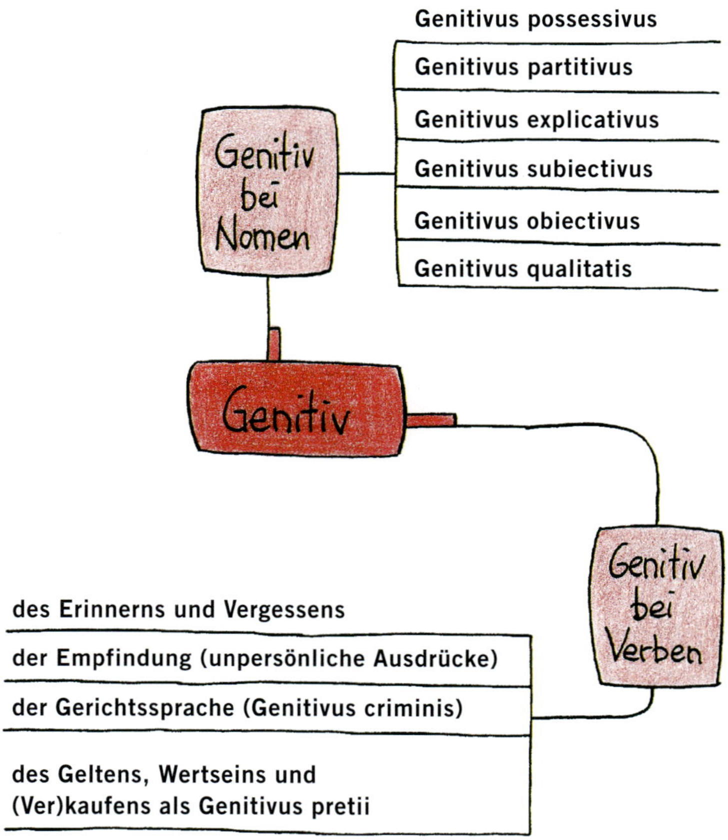

Im **Genitiv** stehen Ergänzungen zu Nomen oder Verben. In der Mehrzahl aller Fälle bestimmt der Genitiv den Begriff eines Nomens näher, indem er die Zugehörigkeit einer Person oder Sache zu einer anderen angibt. Er hat in diesen Fällen die Funktion eines Attributs.

Beispiel

liber **Gustavi** das Buch **des (von) Gustav**
Es handelt sich nicht um irgendein Buch, sondern um das Buch von Gustav.

In Verbindung mit Verben gibt der **Genitiv** den Bereich an, in den die Verbalhandlung fällt.

Beispiel

agricolam furti accusare
den Bauern des Diebstahls anklagen

Der Genitiv bei Nomen (Substantiven, Adjektiven, Pronomen)

Im Folgenden werden die sechs Fälle des Genitivs beim Nomen behandelt.

Den **Genitīvus possessīvus** (von ‚possidēre': «besitzen») findest du mit Hilfe der Frage «Wessen?».
Dieser Genitiv bezeichnet den Besitzer.
Der **Genitīvus possessīvus** steht attributiv bei Substantiven und bei den Adjektiven ‚proprius' («eigen») und ‚sacer' («heilig»).

Beispiel

Librum Gustavi videmus.
Wir sehen das Buch des (von) Gustav.

Hi mores Romanorum proprii sunt.
Diese Sitten sind den Römern eigen.

Hoc templum Apollinis sacrum est.
Dieser Tempel ist (dem) Apollo heilig.

Der **Genitīvus possessīvus** bezeichnet den Besitzer. Er steht prädikativ bei ‚esse' in der Bedeutung «gehören».

Beispiel

Hic liber Gustavi est.
«Dieses Buch ist des Gustavs» = Dieses Buch gehört Gustav.

Wie beim Dativus finalis liegt hier ein besonderer Fall des Prädikatsnomens vor (vergleiche zum Dativus finalis Seite 21–22). Auch beim Genitivus possessivus wird die Kopula ‚esse' in der Bedeutung «gehören» mit einem Prädikatsnomen verbunden, das im Genitiv steht.

Beispiel

Gustavi esse
PN K

«des Gustavs sein» = Gustav gehören

Den **Genitīvus partītīvus** (von ‚pars', partis f: «Teil») findest du mit Hilfe der Frage «Wovon?».
Dieser Genitiv bezeichnet das Ganze, von dem ein Teil angegeben oder hervorgehoben werden soll. Das Bezugswort bezeichnet den Teil.

Der **Genitivus partitivus** steht vor allem
- bei Substantiven, die eine Menge oder ein Maß bezeichnen, und bei einigen Adjektiven,
- bei Komparativen und Superlativen,
- bei substantivisch gebrauchten Pronomen,
- bei substantivierten Adjektiven im Neutrum Singular.

Beispiel

pars hominum	ein Teil der Menschen
plenus superbiae	voll (des) Stolz(es)
Maior fratrum advenit.	Der ältere der Brüder kam herbei. Der ältere Bruder kam herbei.
Quis vestrum audivit?	Wer von euch hat gehört?
nihil novi	nichts des Neuen = nichts Neues

Den **Genitīvus explicātīvus** (von ‚explicāre': «erklären») findest du mit Hilfe der Frage «Was ist gemeint?».
Dieser Genitiv erklärt einen allgemeinen Begriff näher durch Beifügung eines konkreten Begriffs.

Beispiel

virtus iustitiae	die Tugend der Gerechtigkeit die Tugend «Gerechtigkeit»

«Tugend» ist der allgemeine Begriff, «Gerechtigkeit» gibt an, um welche Tugend es konkret geht.

Hinweis

Das folgende Beispiel zeigt dir, dass in der deutschen Übersetzung die Genitivendung häufig entfällt.

Beispiel

nomen regis	Der Titel eines Königs = der Titel König = der Königstitel

Den **Genitīvus subiectīvus** findest du mit Hilfe der Frage «Wer handelt?».
Den **Genitīvus obiectīvus** findest du mit Hilfe der Frage «Worauf richtet sich das Tun?».
Diese Genitive geben nach Substantiven, die eine Handlung oder ein Gefühl ausdrücken, das Subjekt oder das Objekt der Handlung oder des Gefühls an.

Beispiel

amor parentum

die Liebe der Eltern (= Genitivus subiectivus)	=	die Eltern lieben
die Liebe zu den Eltern (= Genitivus obiectivus)	=	die Eltern werden geliebt

Tipp

Nicht immer kannst du gleich erkennen, ob es sich um einen Genitivus subiectivus oder obiectivus handelt.
Oft hilft es, wenn du aus dem Bezugswort (= Verb) und dem Genitiv (= Subjekt oder Objekt) einen Satz im Aktiv und einen im Passiv bildest (vergleiche das vorangegangene Beispiel).

Der Genitivus obiectivus wird im Deutschen mit einer Präposition wiedergegeben: die Liebe **zu** den Eltern. Er kann auch nach einigen Adjektiven stehen.

Beispiel

cupidus gloriae	nach Ruhm begierig

Den **Genitīvus quālitātis** (von ‚quālis': «wie beschaffen?») findest du mit Hilfe der Frage «Von welcher Eigenschaft?».
Dieser Genitiv bezeichnet die Eigenschaft des übergeordneten Substantivs. Er steht **attributiv** oder **prädikativ**.

Beispiel

attributiv:

puer novem annorum	ein Junge von neun Jahren = ein neunjähriger Junge

prädikativ:

Socrates magnae sapientiae erat.
Sokrates war von großer Weisheit = Sokrates war sehr weise.

Hinweis

Auch hier wird die Kopula ‚esse' mit einem Prädikatsnomen verbunden, das im Genitiv steht (vergleiche Seite 28).
In beiden Fällen (attributiv und prädikativ) ist dieser Genitiv immer mit einem Attribut verbunden (‚novem' bzw. ‚magnae').
In gleicher Bedeutung kommt auch der Ablativus qualitatis vor (vergleiche Seite 40).

Der Genitiv bei Verben

Der **Genitiv bei Verben** gibt den Bereich an, in den die Verbalhandlung fällt.
Der Genitiv steht bei den Verben des Erinnerns und Vergessens. Du findest ihn mit Hilfe der Fragen «Wessen?», «An wen oder was?».

Beispiel

meminisse, reminīscī	sich erinnern
oblīvīscī	vergessen

Memini amoris tui.
Ich erinnere mich deiner Liebe.
= Ich erinnere mich an deine Liebe.

Temporum antiquorum obliviscor.
Ich vergesse die alten Zeiten.

Der **Genitiv** steht auch bei unpersönlichen Ausdrücken der Empfindung. Du findest ihn mit Hilfe der Fragen «Wessen?», «Worüber?».

Die folgenden Ausdrücke sind im Lateinischen unpersönlich. Sie werden im Deutschen persönlich wiedergegeben.

Beispiel

‚piget‘: «sich ärgern», ‚pudet‘: «sich schämen», ‚paenitet‘: «bereuen», ‚miseret‘: «Mitleid haben»

Hinweis

Die lateinischen Verben stehen hier in der 3. Person Singular. Diese Form zeigt dir besonders deutlich, dass es sich um unpersönliche Verben handelt.

Bei Konstruktionen mit den Verben aus dem letzten Beispielkasten steht die Person, die etwas empfindet, im Akkusativ. Die Sache, auf die sich die Empfindung bezieht, steht im Genitiv.

Beispiel

Me stultitiae meae piget.
Ich ärgere mich über meine Dummheit.

Hinweis

Der lateinische Genitiv bei Verben wird im Deutschen meist mit einem Präpositionalausdruck wiedergegeben («über meine Dummheit»).

Der **Genitiv** steht auch bei den Verben der Gerichtssprache (**Genitīvus crīminis**, von ‚crīmen', -minis n: «Anklage»).

Beispiel

aliquem accūsāre facinoris
jemanden eines Verbrechens anklagen

aliquem convincere facinoris
jemanden eines Verbrechens überführen

aliquem damnāre facinoris
jemanden wegen eines Verbrechens verurteilen

aliquem absolvere facinoris
jemanden von einem Verbrechen freisprechen

Du findest den **Genitīvus crīminis** mit Hilfe der Frage «Wessen?».

Beispiel

Agricolam furti accusant.
Sie klagen den Bauern des Diebstahls an.

Der Genitiv steht als **Genitīvus pretiī** (von ‚pretium', ī n: «Wert») bei den Verben des Geltens und Wertseins sowie des (Ver)kaufens. Du findest ihn mit Hilfe der Frage «Von welchem Wert?».

Beispiel

esse	wert sein
aestimāre, facere, putāre	schätzen, achten
emere	kaufen
vendere	verkaufen
(cōn)stāre	kosten

Beispiel

Donum multi est.	Das Geschenk ist viel wert.
Quanti hic liber constat?	Wie viel kostet dieses Buch?
Amicus librum minoris emit quam ego.	Der Freund kauft das Buch für einen geringeren Preis als ich.

Hinweis

Bei den Verben des (Ver)kaufens steht der Genitiv nur bei den vergleichenden und fragenden Angaben (z. B. ‚quanti', ‚minoris'). Bei den übrigen allgemeinen Wertangaben steht der Ablativus mensurae (vergleiche Seite 42).

Beispiel

Amicus librum parvo emit.	Der Freund kauft das Buch billig («für wenig»).

Übung 7

Zeichne zunächst die Mindmap zum Genitiv von Seite 26 in dein Heft.
Ergänze dann beim jeweiligen Kasus die Frage, mit der du ihn in einem Text findest.

Überprüfe die Übung mit Hilfe des Lösungsteils.

Übung 8

Ergänze im folgenden Text die fehlenden Wörter.

Im Genitiv stehen ______________________ . Bei Nomina gibt der Genitiv die ______________________ einer Person oder Sache zu einer anderen an. In diesen Fällen hat er die Funktion eines A______________ . Auf die Frage «Wessen?» bezeichnet der Genitivus ______________________ den B______________ . Auf die Frage «Wovon?» bezeichnet der Genitivus partitivus das ______________ , von dem ein Teil angegeben wird. Auf die Frage «Was ist gemeint?» erklärt der Genitivus ______________________ einen allgemeinen Begriff näher. Der Genitivus subiectivus bzw. obiectivus gibt auf die Frage „Wer______________ bzw. „Worauf______________ ______________________ das Subjekt bzw. Objekt an.

Auf die Frage «Von welcher Eigenschaft?» bezeichnet der Genitivus ______________________ die Eigenschaft des übergeordneten Substantivs.

Bei Verben gibt der Genitiv den ______________ an, in den die Verbalhandlung fällt. Dazu gehören die Verben des ______________________ und ______________________ , unpersönliche Ausdrücke der ______________________ , die Verben der ______________________ sowie die Verben des Geltens und Wertseins und des (Ver-) kaufens beim Genitivus pretii auf die Frage ______________ ______________________ .

Überprüfe die Übung mit Hilfe des Lösungsteils.

Übung 9

1. Unterstreiche jeden Akkusativ und kreise jeden Dativ ein. Denke dabei auch an die Attribute.
2. Schreibe jeden Genitiv in dein Heft. Notiere dabei hinter jedem Genitiv die zugehörige Frage und gib an, um welchen Genitiv es sich handelt.
3. Überprüfe zunächst deine Lösungen zu 1. und 2. Übersetze dann den Text in deinem Heft.
4. Warum stehen die Verben ab Zeile 11 im Präsens?

Der römische Schriftsteller Gellius erzählt eine nahezu unglaubliche, aber wahre Geschichte:

Hinweis

timore: aus Angst
procurrere in + Akk.: losstürmen gegen
sanare: heilen
ad bestias damnare: zur Hinrichtung durch wilde Tiere verurteilen
consistere: stehen bleiben
recognoscere: wieder erkennen

Ein Löwe mit Gedächtnis

Androclus servus senatoris Romani erat. Olim dominus Androcli in Africam venit, nam istam provinciam administrabat. Hic senator magnae crudelitatis erat. Androclum servum cottidie vexabat. Quare Androclus **timore** domini effugit. Subito leo maximus Androclo appropinquavit. Timor Androcli ingens erat. Sed leo **in** virum non **procurrit**, nam vulnere vexabatur. Tum Androclus timoris oblitus est et leonem **sanavit.**

Paulo post Androclus a militibus senatoris captus et Romam missus est. Ibi Androclus **ad bestias damnatus** est. In circo leo praedae cupidus **in** Androclum timoris plenum **procurrit**. Sed subito leo **consistit**. Androclum **recognoscit.** Leo auxilii Androcli meminit. Quare virum non necat. Populus valde miratur; postremo causam audit et Androclo et leoni libertatem dat.

Überprüfe die Übung mit Hilfe des Lösungsteils.

Der Ablativ

Der **Ablativ** ist ein besonders schwieriger Kasus. Das hat mehrere Gründe. Zum einen kennen wir diesen Kasus im Deutschen nicht. Zum anderen sind im Ablativ drei verschiedene Kasus zusammengeflossen, deren Funktion der Ablativ übernommen hat.
Du erleichterst dir in vielen Fällen das Verständnis des Ablativs, wenn du dir die ursprünglichen Kasus vor Augen hältst.
Der **Ablativ** antwortet auf folgende Fragen:

Woher? Wovon?	Ablativus separativus
Womit? Wodurch?	Ablativus instrumentalis
Wo? Wann?	Ablativus loci und Ablativus temporis

Die Mindmap zeigt dir im Überblick elf Funktionen des Ablativs, die im Folgenden behandelt werden.

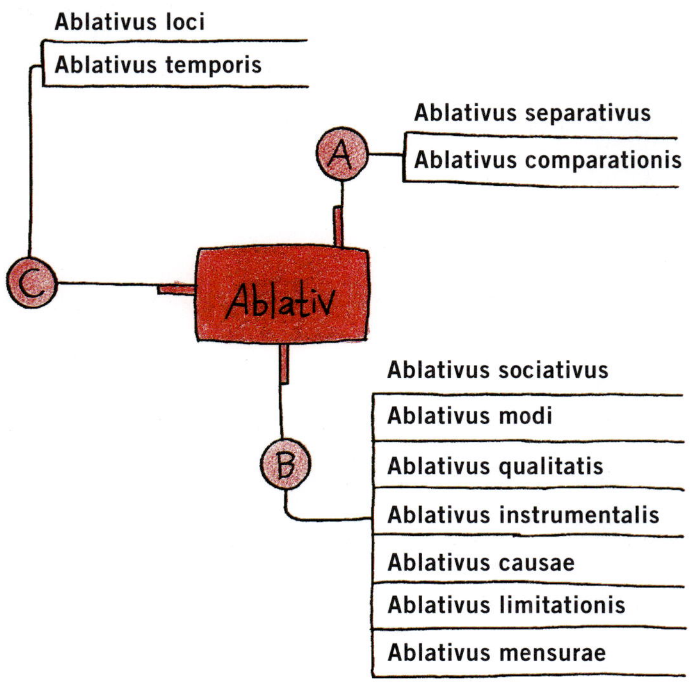

Der «eigentliche» Ablativ

Den **Ablātīvus sēparātīvus** (von ‚sēparāre': «trennen») findest du mit Hilfe der Fragen «Woher?», «Von wo aus?». In dieser Funktion gibt der Ablativ eine Trennung an.

Beispiel

Roma venire	aus Rom kommen
populum servitute liberare	das Volk von der Knechtschaft befreien
(ab) urbe arcere	von der Stadt fernhalten

Hinweis

Bei Städten (zum Beispiel Roma) und kleineren Inseln steht der bloße Ablativ. In allen anderen Fällen stehen Präpositionalausdrücke.

Beispiel

ex Sardinia proficisci	von Sardinien aufbrechen

Den **Ablātīvus comparātiōnis** (von ‚comparāre': «vergleichen») findest du mit Hilfe der Frage «Als wer oder was?». Dieser Ablativ steht beim Vergleich. Er gibt den Ausgangspunkt des Vergleichs an.

Beispiel

Nulla bestia maior est elephanto.

«Vom Elefanten aus gerechnet ist kein Tier größer.»
= Kein Tier ist größer als der Elefant.

Gleichbedeutend mit dem Ablativus comparationis kann bei einem Vergleich auch der Nominativ oder der Akkusativ mit ‚quam' («als») stehen.

Hinweis

Beispiel

Nulla bestia maior est quam elephantus.
= Nulla bestia maior est elephanto.

Nullam bestiam maiorem quam elephantus scimus.
Wir kennen kein größeres Tier als den Elefanten.

Der Ablativ als Vertreter des Instrumentalis

Beim Ablativ in der Funktion eines Instrumentalis lassen sich zwei Gruppen unterscheiden:

- der Ablativ der Gemeinschaft und
- der Ablativ des Mittels und Werkzeugs.

Wir unterscheiden drei Arten des Ablativs der Gemeinschaft.

Den **Ablātīvus sociātīvus** (von ‚socius', -ī m: «Begleiter») findest du mit Hilfe der Frage «Mit wem?».
Dieser Ablativ gibt eine begleitende Person an.

Den **Ablātīvus modī** (von ‚modus', -ī m: «Art und Weise») findest du mit Hilfe der Frage «Wie?».
Dieser Ablativ gibt einen begleitenden Umstand an.

In beiden Fällen kann häufig auch die Präposition ‚cum' mit Ablativ stehen.

Hinweis

Beispiel

Gustavus cum amicis ludit.
Gustav spielt mit den Freunden.

Milites cum silentio veniunt.
Schweigend kommen die Soldaten.

Den **Ablātīvus quālitātis** (von ‚quālis': «wie beschaffen?») findest du mit Hilfe der Frage «Von welcher Eigenschaft?». Der **Ablātīvus quālitātis** bezeichnet – genauso wie der Genitivus qualitatis – die Eigenschaft des übergeordneten Subjekts. Er kann attributiv oder prädikativ stehen.

Beispiel

vir summa prudentia (attributive Verwendung)	ein Mann von höchster Klugheit
Socrates magna sapientia erat. (prädikative Verwendung)	Sokrates war von großer Weisheit = Sokrates war sehr weise.

Beim Ablativ des Mittels und Werkzeugs unterscheiden wir vier Arten.

Den **Ablātīvus īnstrūmentālis** (von ‚instrūmentum', -ī n: «Werkzeug») findest du mit Hilfe der Fragen «Womit?», «Wodurch?».
Dieser Ablativ gibt das Mittel oder das Werkzeug an, wodurch etwas geschieht.

Beispiel

Maria amicam dono delectat.
Marie erfreut die Freundin durch ein (mit einem) Geschenk.

Filius patrem dolore afficit.
Der Sohn «versieht den Vater mit Schmerz» =
Der Sohn bereitet dem Vater Schmerz.

Häufig denkt der Lateiner «instrumental», wo der Deutsche einen Präpositionalausdruck benutzt.

Beispiel

pedibus ire «mit Hilfe der Füße gehen» = zu Fuß gehen

Den **Ablātīvus causae** (von ‚causa', -ae f: «Grund») findest du mit Hilfe der Frage «Weshalb?».
Dieser Ablativ gibt die äußere Ursache oder den inneren Grund an.

Beispiel

Avus morbo laborat.
Der Großvater leidet an einer Krankheit.

Amica dono gaudet.
Die Freundin freut sich über das Geschenk.

Mea sententia erras.
Meiner Meinung nach irrst du.

Den **Ablātīvus līmitātiōnis** (von ‚limitātio', -ōnis f: «Bestimmung») findest du mit Hilfe der Frage «In welcher Hinsicht?».
Dieser Ablativ gibt den Bereich an, für den eine Aussage Geltung hat. Er steht bei Verben des Übertreffens und Beurteilens sowie bei einigen Nomen.

Beispiel

Elephantus bestias magnitudine superat.
Der Elefant übertrifft die Tiere an Größe.
Gustavus maior natu sorore est.
Gustav ist älter (‚maior natu' = «größer an Geburt») als seine Schwester.

Den **Ablātīvus mēnsūrae** (von ‚mēnsūra', -ae f: «Maß») findest du mit Hilfe der Frage «Um wie viel?».
Dieser Ablativ gibt bei einem Komparativ das Maß des Unterschieds an. Er steht bei Adjektiven und Adverbien.

Beispiel

Gustavo paulo celerior fuit.
Gustav war (um) ein wenig schneller.

Der Ablativus mensurae steht ohne Komparativ bei allgemeinen Wertangaben.

Beispiel

Amicus librum parvo emit.	Der Freund kauft das Buch billig («für wenig»).

Der Ablativus mensurae steht außerdem bei Verben des Übertreffens und des Abstandes.

Beispiel

Elephantus bestias magnitudine multo superat.
Der Elefant übertrifft die Tiere um vieles an Größe.
Roma magno spatio a Sicilia abest.
Rom ist von Sizilien weit entfernt.

Neben dem Ablativus mensurae steht meist noch ein Ablativus limitationis: ‚magnitudine' antwortet auf die Frage «In welcher Hinsicht?», ‚multo' antwortet auf die Frage «Um wie viel?» (vergleiche das Beispiel oben).

Der Ablativ des Ortes und der Ablativ der Zeit

Den **Ablātīvus locī** (von ‚locus', -ī m: «Ort») findest du mit Hilfe der Frage «Wo?».
Dieser Ablativ steht bei Städten und kleineren Inseln.

Beispiel

Amici Athenis sunt.	Die Freunde halten sich in Athen auf.

Hinweis

Als größere Inseln gelten: Britannia, Creta, Euboea, Sardinia, Sicilia. Bei diesen steht – ebenso wie bei den Namen von Ländern – die Präposition ‚in' + Ablativ.

Gehören diese Städte und kleineren Inseln zur ā- oder o-Deklination, so steht (scheinbar) der Genitiv.

Beispiel

Amici Romae sunt.	Die Freunde halten sich in Rom auf.

Hinweis

Solche Genitivformen sind eigentlich Formen eines sonst verschwundenen Kasus, des Lokativs.

Bei einer Reihe von Verben denkt der Lateiner anders als der Deutsche.
Bei den Verben des Setzens, Legens, Rechnens achtet der Lateiner auf den Ort (Frage: «Wo?»), der Deutsche dagegen auf die Bewegung (Frage: «Wohin?»).

Beispiel

Pater in lecto accumbit.

Im Lateinischen: «Wo?»	Im Deutschen: «Wohin?»
«Der Vater legt sich auf dem Bett nieder.»	Der Vater legt sich auf das Bett.

Bei den Verben des Ankommens, Versammelns, Meldens achtet der Lateiner auf den Zeitpunkt der Bewegung (Frage: «Wohin?»), der Deutsche hingegen auf den Ruhepunkt am Ende der Bewegung (Frage: «Wo?»).

Beispiel

Populus in forum concurrit.

Im Lateinischen: «Wohin?»	Im Deutschen: «Wo?»
«Das Volk läuft auf den Markt hin.»	Das Volk läuft auf dem Markt zusammen.
Nuntius victoriam Romam nuntiat.	Der Bote meldet den Sieg in Rom.

Vor allem bei den Verben des Anfangens und des Hängens achtet der Lateiner auf den Ausgangspunkt der Handlung (Frage: «Woher?»), der Deutsche dagegen auf den Ort, wo sich die Handlung abspielt (Frage: «Wo?»).

Beispiel

Unde incipiam?

Im Lateinischen: «Woher?»	Im Deutschen: «Wo?»
«Woher soll ich beginnen?»	Wo(mit) soll ich beginnen?
Malum ex arbore pendet.	Der Apfel hängt an einem Baum.

Den **Ablātīvus temporis** (von ‚tempus', -oris n: «Zeit») findest du mit Hilfe der Frage «Wann?».
Dieser Ablativ antwortet auf die Frage «Wann?» mit dem bloßen Ablativ.

Beispiel

Luce amici veniunt.	Am hellen Tage kommen die Freunde.

Auf die Frage «Innerhalb welcher Zeit?» antwortet der **Ablātivus temporis** bei allgemeinen Zuständen oder längeren Zeiträumen mit ‚in' + Ablativ.

Beispiel

in pace, in bello	im Frieden, im Krieg

Der Ablativus temporis antwortet bei bestimmten Wendungen auf die Frage «Innerhalb welcher Zeit?» mit dem bloßen Ablativ.

Beispiel

superioribus annis	in den vergangenen Jahren

Übung 10

Zeichne zunächst die Mindmap zum Ablativ von Seite 37 in dein Heft. Ergänze wieder beim jeweiligen Kasus die Frage.

Überprüfe nun deine Lösungen.

Übung 11

Ergänze die fehlenden Wörter.

Der Ablativ hat die Funktionen dreier verschiedener Kasus übernommen. Er antwortet auf die Fragen ________________ ____________________ als Ablativus separativus, auf die Fragen «Womit?», «Wodurch?» als ______________________ ___________________________, auf die Fragen ________ und _____________ als Ablativus loci und Ablativus temporis. Der Ablativus _________________________ gibt eine Trennung an, der Ablativus comparationis steht beim ___________________, der Ablativus ______________________ gibt eine begleitende Person, der Ablativus modi einen ____________________________________ an.

Der Ablativus __________________ gibt das Mittel oder Werkzeug, der Ablativus causae ______________ ____________________________ an, der Ablativus ______________________ bezeichnet den Bereich, für den eine Aussage Geltung hat, der Ablativus ________________ gibt bei einem Komparativ das Maß des Unterschieds an.
Der Ablativus loci steht bei ____________________ ______________________, der Ablativus temporis antwortet auf die Fragen ____________________ ____________________.

Überprüfe die Übung mit Hilfe des Lösungsteils.

Hinweis

Bevor du die Übung 12 bearbeitest, wiederhole noch einmal die Kapitel über den Genitiv und den Ablativ. Sieh dir dabei auch deine eigenen Mindmaps an, die du zu Übung 7 und Übung 10 gezeichnet hast.

Übung 12

1. Unterstreiche jeden Genitiv und kreise jeden Ablativ ein. Denke dabei auch an mögliche Präpositionen.
2. Zeichne nach dem folgenden Muster eine Tabelle in dein Heft:

Kasus	**Frage**	**Beispiel**
Genitivus possessivus …		

Ergänze in der linken Spalte untereinander folgende Kasus:
Genitivus qualitatis, Genitivus pretii, Ablativus temporis,

Ablativus sociativus, Ablativus modi, Ablativus instrumentalis, Ablativus causae, Ablativus separativus.
Notiere als Nächstes in der mittleren Spalte die Frage, auf die der jeweilige Kasus antwortet.
Trage dann in die rechte Spalte aus dem Text jeweils die richtigen Beispiele mit Zeilenangabe ein.

3. Überprüfe nun deine Lösungen zu 1. und 2. mit Hilfe des Lösungsteils. Übersetze dann den Text und schreibe ihn in dein Heft.

Ferien

Feriis Gustavus cum Marco villam avunculi visitat. Vespere amici villam intrant: tota familia iam adest. Et dominus et domina amicos adesse gaudent et magna cum laetitia salutant. Amici dominam floribus magnae pulchritudinis delectant et gratias agunt. Domina dono valde gaudet et dicit: „Hoc donum mihi magni est. Gratias vobis ago.“ Post cenam omnes e **lectis** surgunt et dormire cupiunt.

Hinweis

Zu lectus, -i m, das Bett: Die Römer pflegten beim Essen auf Betten «zu Tische zu liegen».

Überprüfe die Übung mit Hilfe des Lösungsteils.

Bearbeite jetzt den Test Nr. 1. Du findest ihn auf Seite 73. Lies dir zuvor die Seite 72 genau durch.

Eine prima Hilfe: Tabellen zur Kasuslehre

Die nun folgenden Tabellen geben dir einen guten Überblick über alle Erscheinungen der **Kasuslehre**:
Auf den Seiten 48 und 49 sind alle **Funktionen der Kasus** zusammengefasst.
Auf der Seite 50 folgen Übersichten zu den **Orts- und Zeitangaben.**
Kopiere und vergrößere dir diese Übersichten auf DIN-A3-Format und hänge sie über deinen Schreibtisch an die Wand.

Lernposter: Kasuslehre

Kasus	Frage	Beispiel	
Nominativ	Wer oder was?	**Gustavus** vocat.	Gustav ruft.
Genitiv			
Genitiv bei Nomen			
Genitivus possessivus	Wessen?	Librum **Gustavi** videmus.	Wir sehen das Buch von Gustav.
Genitivus partitivus	Wovon?	pars **hominum**	ein Teil der Menschen
Genitivus explicativus	Was ist gemeint?	virtus **iustitiae**	die Tugend der Gerechtigkeit
Genitivus subiectivus	Wer handelt?	amor **parentum**	die Liebe der Eltern
Genitivus obiectivus	Worauf richtet sich das Tun?	amor **parentum**	die Liebe zu den Eltern
Genitivus qualitatis	Von welcher Eigenschaft?	puer novem **annorum**	ein Junge von neun Jahren
Genitiv bei Verben			
• des Erinnerns / Vergessens	Wessen? An wen oder was?	Memini **amoris tui.**	Ich erinnere mich an deine Liebe.
• der Empfindung (unpersönliche Ausdrücke)	Wessen? Worüber?	Me **stultitiae meae** piget.	Ich ärgere mich über meine Dummheit.
• der Gerichtssprache (Genitivus criminis)	Wessen?	Agricolam **furti** accusant.	Sie klagen den Bauern des Diebstahls an.
• des Geltens, Wertseins und (Ver)kaufens als Genitivus pretii	Von welchem Wert?	Donum **multi** est.	Das Geschenk ist viel wert.
Dativ			
als indirektes Objekt	Wem?	Gustavus **Mariae** librum dat.	Gustav gibt Marie ein Buch.
Dativus commodi	Für wen? In wessen Interesse?	**Non scholae**, sed **vitae** discimus.	Wir lernen nicht für die Schule, sondern für das Leben.
Dativus incommodi	Zu wessen Nachteil?		
Dativus possessivus	Wem?	**Mariae** equus est.	Marie hat ein Pferd.
Dativus finalis	Wozu?	Donum **Mariae** gaudium est.	Das Geschenk macht Marie Freude.

Dativ bei Adjektiven			
• von Verben abgeleitet	Wem?	iratus **alicui**	zornig auf jemanden
• mit Dativus commodi	Für wen? In wessen Interesse?	iucundus **alicui**	angenehm für jemanden
• mit Dativus incommodi	Zu wessen Nachteil?	perniciosus **alicui**	verderblich für jemanden
Akkusativ			
Objekts-Akkusativ	Wen oder was?	Gustavus **Mariam** vocat.	Gustav ruft Marie.
Doppelter Akkusativ	Wofür? Wozu? Als was?	Gustavus **Marcum amicum** habet.	G. hält Marcus für seinen Freund.
Akkusativ der räumlichen Ausdehnung	Wie lang? Wie breit? Wie hoch? Wie tief?	Fluvius **trecentos pedes** latus est.	Der Fluss ist 300 Fuß breit.
Akkusativ der zeitlichen Ausdehnung	Wie lange? Für wann? Bis wann?	Amicae **unam horam** ambulant. **in** cenae **tempus**	Die Freundinnen gehen 1 Std. spaz. bis zur Essenszeit
Akkusativ der Richtung	Wohin?	Pater **Romam** venit.	Der Vater kommt nach Rom.
Ablativ			
Ablativus separativus	Woher? Von wo aus?	**Roma** venire	aus Rom kommen
Ablativus comparationis	Als wer oder was?	Nulla bestia maior est **elephanto**.	Kein Tier ist größer als der Elefant.
Ablativus sociativus	Mit wem?	Gustavus **cum amicis** ludit.	Gustav spielt mit den Freunden.
Ablativus modi	Wie?	Milites **silentio** veniunt.	Schweigend kommen die Soldaten.
Ablativus qualitatis	Von welcher Eigenschaft?	vir **summa prudentia**	ein Mann von höchster Klugheit
Ablativus instrumentalis	Womit? Wodurch?	Maria amicam **dono** delectat.	Marie erfreut ihre Freundin durch ein Geschenk.
Ablativus causae	Weshalb?	Avus **morbo** laborat.	Der Großvater leidet an einer Krankheit.
Ablativus limitationis	In welcher Hinsicht?	Elephantus bestias **magnitudine superat**.	Der Elefant übertrifft die Tiere an Größe.
Ablativus mensurae	Um wie viel?	Gustavus **paulo** celerior fuit.	Gustav war ein wenig schneller.
Ablativus loci	Wo?	Amici **Athenis** sunt.	Die Freunde halten sich in Athen auf.
Ablativus temporis	Wann? Innerhalb welcher Zeit?	**Luce** amici veniunt.	Am hellen Tag kommen die Freunde.

Lernposter: Ortsangaben

Ubi? Wo? **Ablativus loci**

- bei Städten und kleineren Inseln:
  Athenis esse — sich in Athen aufhalten
- bei Städten und kleineren Inseln auf -us, -a, -um steht der **Lokativ** (Form: = Genitiv)
  Romae esse — in Rom leben
  Deli esse — auf Delos sein
- bei größeren Inseln und Ländern steht ‚in' + Ablativ:
  in Sicilia esse — auf Sizilien leben
  in Germania pugnare — in Germanien kämpfen
  Als größere Inseln gelten: Britannia, Creta, Euboea, Sardinia, Sicilia.

Quo? Wohin? **Akkusativ der Richtung**

Städte und kleinere Inseln, sonst ‚in' + Akkusativ:
Romam venire — nach Rom kommen
in Siciliam venire — nach Sizilien kommen

Unde? Woher? **Ablativus separativus**

Städte und kleinere Inseln, sonst ‚e(x)' + Ablativ
Roma venire — aus Rom kommen
e Sicilia venire — aus Sizilien kommen

Lernposter: Zeitangaben

Akkusativ der zeitlichen Ausdehnung

- Wie lange? — **bloßer Akkusativ**
  unam horam
  eine Stunde (lang)
- Für wann? Bis wann? — **‚in' + Akkusativ**
  in cenae **tempus**
  bis zur Essenszeit

Ablativus temporis

- Wann? — **bloßer Ablativ**
  luce
  am hellen Tag
- Innerhalb welcher Zeit? — **‚in' + Ablativ**
  in pace, in bello
  im Frieden, im Krieg

Bei allgemeinen Zuständen oder längeren Zeiträumen steht ‚in' + Ablativ, bei bestimmten Wendungen der bloße Ablativ:
in pueritia — in der Kindheit
superioribus annis — in den vergangenen Jahren

Die Modi in Hauptsätzen

Es gibt im Lateinischen genauso wie im Deutschen drei **Modi** (Singular: Modus). Dieser Ausdruck kommt vom lateinischen ‚modus' = «die Art und Weise». **Modi** sind die «Aussageweisen» der finiten Verbformen.

Im **Indikativ** werden Aussagen über die Wirklichkeit gemacht.

Im **Konjunktiv** stehen Aussagen, die (noch) nicht wirklich sind. Sie sind entweder **Ü**berlegung, **W**unsch, **A**ufforderung oder **B**efehl.

Im **Imperativ** stehen Befehle.

Tipp

Merke dir die Aussageweisen des Konjunktivs (**Ü**berlegung, **W**unsch, **A**ufforderung oder **B**efehl) durch ÜWAB.

In der folgenden Tabelle ist das Wichtigste zu den Modi zusammengefasst:

Modus:	**Indikativ**	**Konjunktiv**	**Imperativ**
Inhalt der Aussagen:	Wirklichkeit	Nichtwirklichkeit (ÜWAB)	Befehl

Beispiel

	Indikativ	**Konjunktiv**	**Imperativ**
Deutsch:	ich lobe	ich möge loben	lobe!
Lateinisch:	laudō	laudem	laudā!

Übung 13

1. Unterstreiche bei jedem der drei lateinischen Sätze im blauen Kasten die Verbform und bestimme sie in deinem Heft.
   Ich gebe dir ein Beispiel:

Beispiel

laudō: 1. Pers. Sg. Ind. Präs. Akt.

2. Übersetze die drei Sätze in deinem Heft.
3. Welche Aussageweisen drücken die drei Verbformen aus? Notiere kurze schriftliche Antworten.

Aeneas und Dido (I)

Nach der Eroberung Trojas durch die Griechen flieht der trojanische Held Aeneas mit seinem Vater Anchises, seinem Sohn Ascanius und einigen Gefährten aus der brennenden Stadt:

a) „Aeneas cum patre et filio et amicis Troiam relinquit."

Auf ihrer Fahrt über das Meer kommen die Schiffe in einem Unwetter in höchste Gefahr. Die Trojaner rufen zu den Göttern:

b) „Utinam dei nos e periculo servent!"

Tatsächlich entkommen sie dem Untergang und landen an der Küste Nordafrikas bei der Stadt Karthago. Die Trojaner fordern Aeneas auf:

c) „Auxilium pete a rege!"

Überprüfe die Übung mit Hilfe des Lösungsteils.

Übung 14

Ergänze die fehlenden Wörter.

Es gibt im Lateinischen drei Modi (Sg.: __________).

Modi sind die ____________________________________

der finiten Verbformen. Sie heißen ____________________ ,

____________________ und ____________________ . Im

Indikativ stehen Aussagen über die ____________________ .

Im ____________________________ stehen Aussagen über

die ____________________________ (ÜWAB: __________

____

____________________). Der Imperativ ist der Modus des

_______________________ .

Überprüfe die Übung mit Hilfe des Lösungsteils.

Die Tabelle auf Seite 54 hilft dir, die verschiedenen Konjunktivformen sicher zu unterscheiden.

Lernposter: Konjunktiv

Im Konjunktiv stehen Aussagen, die (noch) nicht wirklich sind:
Sie sind entweder **Ü**berlegung, **W**unsch, **A**ufforderung oder **B**efehl (ÜWAB).

Coniunctivus deliberativus (deliberare: überlegen) *Beispiel:* Quo modo auxilium petamus? Wie **sollen** wir Hilfe erbitten?	**Coniunctivus optativus** (optare: wünschen) *Beispiel:* Utinam dei nos servent! **Mögen** die Götter uns helfen! **Ach wenn doch** die Götter uns helfen! **Hoffentlich** helfen die Götter uns!	**Coniunctivus adhortativus** (adhortari: auffordern) *Beispiel:* Deos oremus! **Wollen** wir zu den Göttern beten! **Lasst uns** zu den Göttern beten!	**Coniunctivus iussivus** (iubere: befehlen) *Beispiel:* Auxilium a rege petat! Er **soll** Hilfe vom König erbitten!
Negation: **non** *Beispiel:* Cur non fugamus? Warum **sollen** wir **nicht** fliehen?	**ne** *Beispiel:* Utinam ne fallamur! **Mögen** wir **nicht** getäuscht werden! **Ach wenn** wir **doch nicht** getäuscht werden! **Hoffentlich** werden wir **nicht** getäuscht!	**ne** *Beispiel:* Ne pigri simus! Wir **wollen nicht** träge sein! **Lasst uns nicht** träge sein!	**ne** *Beispiel:* Ne fugant! Sie **sollen nicht** fliehen!
Übersetzung im Deutschen mit: sollen?	mögen! ach wenn doch! hoffentlich!	wollen! lass(t) uns!	sollen!
Kennzeichen: Fragezeichen	**Kennzeichen:** ‚utinam' + Ausrufezeichen	**Kennzeichen:** Nur 1. Pers. Pl. + Ausrufezeichen	**Kennzeichen:** Nur 3. Pers. Sg. oder Pl. + Ausrufezeichen

Kopiere und vergrößere dir die Übersicht auf DIN-A3-Format und hänge sie über deinen Schreibtisch an die Wand.

So lernst du die Funktionen des Konjunktivs aus der Tabelle auf Seite 54:

Du erkennst die Aufgabe des Konjunktivs als Adhortativus an der 1. Person Plural des Konjunktivs Präsens und am Ausrufezeichen.

Beispiel

Coniunctivus adhortativus: Negation ne / Übersetzung mit «wollen» oder «lass(t) uns» / erkennbar am Ausrufezeichen und an der 1. Person Plural.

Deos oremus! Lasst uns zu den Göttern beten!

Du erkennst die Aufgabe des Konjunktivs als Iussivus an der 3. Person Singular oder Plural des Konjunktivs Präsens und am Ausrufezeichen.

Beispiel

Coniunctivus iussivus: Negation ne / Übersetzung mit «soll» / erkennbar am Ausrufezeichen und an der 3. Person Singular oder Plural.

Auxilium a rege petat! Er soll Hilfe vom König erbitten!

Auch den coniunctivus deliberativus und den coniunctivus optativus kannst du so aus der Tabelle ablesen.

Übung 15

1. Schreibe alle finiten Verbformen aus dem lateinischen Text auf der nächsten Seite in dein Heft (mit Zeilenangabe) und bestimme sie wie in Übung 13.
2. Unterstreiche die konjunktivischen Verbformen und schreibe in dein Heft, um welche Art des Konjunktivs es sich dabei handelt.
3. Überprüfe zunächst die Lösungen zu 1. und 2. mit Hilfe des Lösungsteils. Übersetze dann den Text und schreibe ihn in dein Heft.

Aeneas und Dido (II)

Tatsächlich gelingt es Aeneas, Hilfe von den Karthagern zu bekommen. Das liegt vor allem daran, dass die Königin von Karthago, Dido, sich in Aeneas verliebt. Aeneas und Dido verbringen eine schöne Zeit. Da schickt Jupiter den Götterboten Merkur nach Karthago. Nach dem Willen Jupiters soll Aeneas der Stammvater der Römer werden. Deshalb muss er Karthago und Dido verlassen und nach Italien segeln.

Hinweis

Mercurius, -i m: Gott Merkur (bei den Griechen: Hermes), Bote des Jupiter
Aeneas, ae m: Aeneas, trojanischer Held, Stammvater der Römer
Carthago, -ginis f: Karthago, Stadt in Nordafrika, von Dido gegründet
Dido, -onis f: Dido, Gründerin und Königin von Karthago

Mercurius Aeneae appropinquat et dicit: „Ne maneas Carthagine! Naviga statim in Italiam! Iuppiter te Didonem relinquere iubet.“ Aeneas paret et amicos naves parare iubet. Sed amici clamant: „Carthagine maneamus!“ Dido clamorem amicorum audit et rogat: „Qua de causa Aeneas me relinquit? Utinam Troiani Carthagine maneant!“ Sed frustra. Troiani navibus in Italiam navigant. Dido tristissima est et dicit: „Qua de causa vivam? Nam Aeneas me reliquit.“ Tum Dido sibi mortem dat.

Überprüfe die Übung mit Hilfe des Lösungsteils.

Bearbeite jetzt den Test Nr. 2. Du findest ihn auf Seite 74–75. Lies dir zuvor die Seite 72 genau durch.

Der Infinitiv im Lateinischen

Der Infinitiv als Subjekt oder als Objekt

Verschiedene Wortarten können die Stelle des Subjekts und des Objekts einnehmen. Sowohl Nomen als auch **Infinitive** von Verben können die Funktion eines Subjekts oder Objekts übernehmen. Beim **Infinitiv** spricht man dann von «Subjektsinfinitiv» oder «Objektsinfinitiv».
Es kann auch vorkommen, dass sowohl von einem Subjektsinfinitiv als auch von einem Objektsinfinitiv ein Akkusativ-Objekt abhängt.

Übung 16

1. Notiere die Sätze a)–e) in deinem Heft. Schreibe unter jedes Satzglied die entsprechende Abkürzung (S, AO, Pr).
2. Suche alle Subjekte und Akkusativ-Objekte heraus. Füge die Wortart jeweils hinzu.
3. Notiere, was dir bei Satz c) auffällt und wovon ‚fabulam' abhängt.
4. Notiere, welche Funktion in Satz d) der Infinitiv ‚narrare' hat.
5. Schreibe auf, wovon in Satz e) ‚fabulam' und ‚Gustavum' abhängen.
6. Überprüfe zunächst die Lösungen zu 1. bis 5. mit Hilfe des Lösungsteils. Übersetze dann die Sätze in deinem Heft.

a) Gustavus fabulam narrat.
b) Gustavus cupit narrare.
c) Gustavus cupit fabulam narrare.
d) Narrare Gustavum iuvat.
e) Fabulam narrare Gustavum iuvat.

Überprüfe die Übung mit Hilfe des Lösungsteils.

Übung 17

Ergänze die fehlenden Wörter.

Die Funktion des Subjekts oder Objekts im Satz können nicht nur Nomen, sondern auch ________________ übernehmen. Übernehmen sie die Funktion des Subjekts, so heißen sie ______________________________ , überneh-men sie die Funktion des _______________ , so heißen sie Objektsinfinitiv. Von beiden kann auch ein _________________________________ abhängen.

Überprüfe die Übung mit Hilfe des Lösungsteils.

Der Akkusativ mit Infinitiv: accusativus cum infinitivo (a.c.i.)

Beispiel

Gustavus cupit Mariam narrare.
Gustav wünscht, dass Marie erzählt.

Wenn man den Satzbau des lateinischen Satzes mit dem des deutschen vergleicht, so stellt man fest:
Im lateinischen Satz hat ‚Mariam narrare' die Funktion eines Akkusativ-Objekts («Wen oder was wünscht Gustav?»). Dieses Akkusativ-Objekt besteht aus einem Akkusativ (Mariam) und einem Infinitiv (narrare).
Im deutschen Satz steht in gleicher Funktion ein Gliedsatz. Er besteht aus einer Konjunktion (dass), einem Subjekt im Nominativ (Marie) und einer finiten Verbform (erzählt).

Welche Funktion hat nun **innerhalb des Akkusativ-Objekts** ‚Mariam narrare' der Akkusativ ‚Mariam'?
Der Akkusativ hat hier die Funktion des Subjekts: «Wer oder was erzählt?» Marie. Das Prädikat steht im Infinitiv: narrare.
Diese Erscheinung nennt der Lateiner **accusativus cum infinitivo** (Akkusativ mit Infinitiv): **a.c.i.**

Im folgenden Kasten ist noch einmal gegenübergestellt, was im Lateinischen und im Deutschen hier geschieht.

Beispiel

Gustavus cupit	<u>Mariam</u>		<u>narrare.</u>
S Pr		AO = a.c.i.	
	<u>Akkusativ</u> als Subjekt im a.c.i.		**<u>Infinitiv</u>** als Prädikat im a.c.i.

Gustav wünscht,	<u>dass</u>	<u>Marie</u>		erzählt.
S Pr			AO = Gliedsatz	
	<u>Konjunktion</u>	**<u>Nominativ</u>** als Subjekt		**<u>finite Verbform</u>** als Prädikat

Im a.c.i. steht das Subjekt im Akkusativ, das Prädikat im Infinitiv. Bei der Übersetzung ins Deutsche bildet man einen Nebensatz mit der Konjunktion «dass».

Ob ein Akkusativ, der bei einem Infinitiv steht, die Funktion eines Subjekts hat – und somit ein a.c.i. vorliegt – oder ob er die Funktion eines Akkusativ-Objekts hat, kann man nur aus dem Sinnzusammenhang erkennen.
Oft hilft es, wenn man nach dem Subjekt («Wer oder was?») bzw. Objekt («Wen oder was?») fragt.

Beispiel

Gustavus cupit Mariam fabulam narrare.
«Gustav wünscht, dass Marie eine Geschichte erzählt.»

In diesem Satz hat ‚Mariam' die Funktion des Subjekts im a.c.i. («Wer oder was erzählt?»), ‚fabulam' die Funktion des Akkusativ-Objekts zu dem Prädikat (Infinitiv) ‚narrare' («Wen oder was erzählt Marie?»).

Tipp Um einen a.c.i. leichter zu erkennen, hilft dir folgende Tabelle.

Ein **a.c.i.** steht meist nach:
1. Verben des Sprechens (verba dicendi, z. B. dicere: sagen, dass / narrare: erzählen, dass),
2. Verben des Wahrnehmens und Denkens (verba sentiendi, z. B. audire: hören, dass / scire: wissen, dass),
3. Verben des Gefühls (verba affectus, z. B. gaudere: sich freuen, dass / cupere: wünschen, dass),
4. unpersönlichen Ausdrücken (z. B. necesse est: es ist nötig, dass / iuvat: es macht Freude, dass).

In allen Sätzen in diesem Abschnitt hatte der a.c.i. bisher die Funktion eines Akkusativ-Objekts im Satz. Er kann aber auch (seltener) die Funktion eines Subjekts einnehmen.

Beispiel

a) Der **a.c.i. als Akkusativ-Objekt:**
Gustavus cupit Mariam narrare.
Gustav wünscht, dass Marie erzählt.
Frage: «Wen oder was wünscht Gustav?»
Antwort: «Dass Marie erzählt.»

b) Der **a.c.i. als Subjekt:**
Mariam fabulam narrare Gustavum iuvat.
Dass Marie eine Geschichte erzählt, erfreut Gustav.
Frage: «Wer oder was erfreut Gustav?»
Antwort: «Dass Marie eine Geschichte erzählt.»

Übung 18

Ergänze die fehlenden Wörter.

Die Abkürzung a.c.i. bedeutet ______________________________ ______________________________. Im a.c.i. steht das Subjekt im ______________________, das Prädikat im ____________________.

Aus dem Akkusativ im Lateinischen wird im Deutschen ein __________________ (das «Subjekt»), aus dem Infinitiv eine mit dem Subjekt kongruierende (übereinstimmende) ______________________________ (das «Prädikat»).

Der a.c.i. wird in der Übersetzung mit «dass» eingeleitet und steht meist nach bestimmten Verben:

1. verba ________________,
2. verba ____________________,
3. verba __________________ und
4. nach ________________________ Ausdrücken.

Der a.c.i. kann im Satz die Funktion eines ______________ oder eines ______________ haben.

Überprüfe die Übung mit Hilfe des Lösungsteils.

Übung 19

1. Schreibe aus dem Text auf Seite 62 alle Infinitive heraus.
2. Schreibe aus jedem a.c.i. den Subjektsakkusativ und den Infinitiv in dein Heft.
3. In einem Satz hat der a.c.i. die Funktion des Subjekts. Schreibe diesen Satz heraus und setze unter ihn die entsprechenden Abkürzungen für die Satzglieder (S, AO, Pr).
4. Überprüfe zunächst die Lösungen zu 1. bis 3. mit Hilfe des Lösungsteils. Übersetze dann den Text und schreibe ihn in dein Heft.

Tipp

Ergänze bei jedem Satz bis Zeile 5 ‚Maria narrat'.

Hinweis

Priamus, -i m: Priamus, König von Troja
Paris, -idis m: Paris, Sohn des trojanischen Königs Priamus
Mercurius, -i m: Gott Merkur, Bote des Jupiter
malum aureum (Akk. Sg. m): goldener Apfel (als Zeichen des Sieges)
pulcherrimae (Dat. Sg. f) feminarum: der schönsten der Frauen

Das Urteil des Paris (I)

Maria amicis fabulam claram narrat: Priamo, regi Troianorum, filium Paridem esse. Eum cum pastoribus in montibus vivere. Tum deum Mercurium ad Paridem venire et tres feminas pulchras adducere. Mercurium Paridi malum aureum dare et dicere: „Iuppiter te iudicare iubet. Da malum aureum pulcherrimae feminarum!“ Tum Maria desinit fabulam narrare. Sed amicae clamant: „Te fabulam de Paride narrare nos valde iuvat. Cupimus finem fabulae audire.“ Maria dicit: „Parata sum, sed non hodie.“ Tum amicae: „Bene, cupimus te cras nobis finem fabulae narrare.“

Überprüfe die Übung mit Hilfe des Lösungsteils.

Die Zeitverhältnisse beim Infinitiv/a.c.i.

Zu den Zeitverhältnissen

Das Leben des Menschen ist durch drei **Zeitstufen** bestimmt: Die Zeit des Augenblicks, den du erlebst, ist die Gegenwart, die Zeit davor die Vergangenheit, und die Zeit, die nach der Gegenwart kommt, nennen wir Zukunft.
Das folgende Modell, ein so genannter Zeitpfeil, verdeutlicht dies.

Die drei Zeitstufen

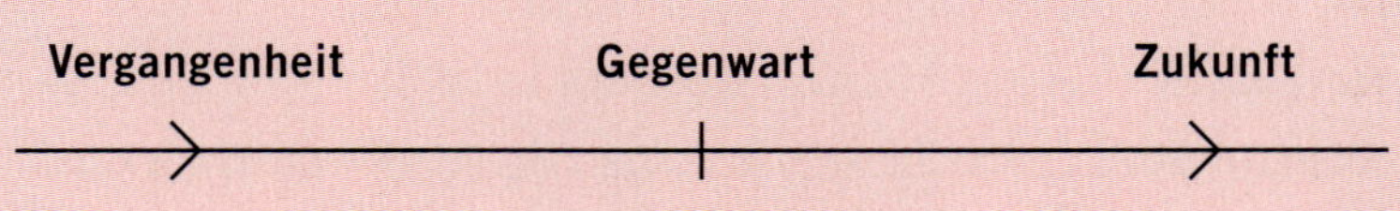

Jede Handlung lässt sich einer der drei Zeitstufen zuordnen.

Beispiel

Ich freute mich	=	Vergangenheit
Ich freue mich	=	Gegenwart
Ich werde mich freuen	=	Zukunft

Handlungen, die in verschiedenen **Zeitstufen** ablaufen, können sich aufeinander beziehen.

Beispiel

Weil du mich gestern besucht hast, freue ich mich heute noch.
Vergangenheit — Gegenwart

Die Handlung im Nebensatz («weil du mich gestern besucht hast») ist **vor** der des Hauptsatzes («freue ich mich heute noch») geschehen. Die Beziehung zwischen den beiden Handlungen nennen wir deshalb **vorzeitig**.

Die zeitliche Beziehung verschiedener Handlungen zueinander nennen wir **Zeitverhältnisse**. Außer der Vorzeitigkeit gibt es noch zwei andere Zeitverhältnisse: die Gleichzeitigkeit und die Nachzeitigkeit.
In der folgenden Übersicht sind die wichtigsten Begriffe zusammengefasst.

Vorzeitigkeit (Abkürzung **VZ**) bedeutet: Die Handlung im Nebensatz geschieht **vor** der des übergeordneten Verbs.
Gleichzeitigkeit (Abkürzung **GZ**) bedeutet: Die Handlung im Nebensatz geschieht **zur selben Zeit** wie die des übergeordneten Verbs.
Nachzeitigkeit (Abkürzung **NZ**) bedeutet: Die Handlung im Nebensatz geschieht **nach** der des übergeordneten Verbs.

Hinweis Wichtig ist der Begriff «übergeordnetes Verb». Mit übergeordnetem Verb ist das Verb des Satzes gemeint, von dem der Nebensatz jeweils abhängt.

Beispiel

Immer wenn du mich lobtest, Nebensatz	freute ich mich. Hauptsatz übergeordnetes Verb: freute mich

Das übergeordnete Verb kann – je nach Zusammenhang – in jeder der drei Zeitstufen (Vergangenheit, Gegenwart, Zukunft) vorkommen (im Beispiel: Vergangenheit). Das bedeutet, **dass auch innerhalb jeder Zeitstufe die drei Zeitverhältnisse möglich sind** (im Beispiel: Gleichzeitigkeit, da beide Handlungen zur gleichen Zeit – in der Vergangenheit – stattfinden).
Die folgende Graphik veranschaulicht dies.

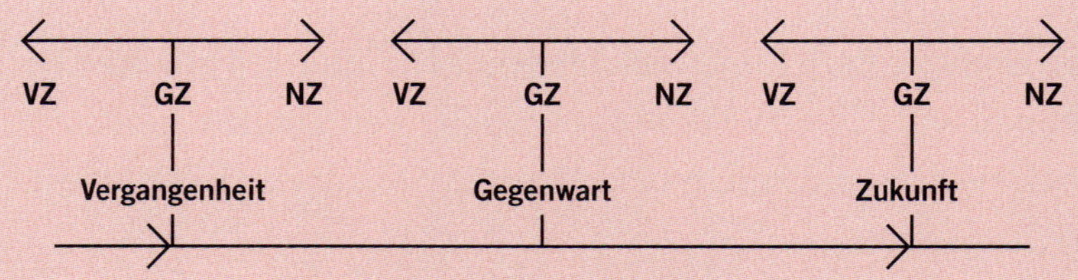

Um die **drei Zeitverhältnisse** (VZ, GZ und NZ) auszudrücken, gibt es im Lateinischen ein klares und einfaches System, welches du verstehen und lernen musst.

	Das übergeordnete Verb steht in der Vergangenheit	Gegenwart	Zukunft
Vorzeitigkeit (VZ)	Infinitiv Perfekt	Infinitiv Perfekt	Infinitiv Perfekt
Gleichzeitigkeit (GZ)	Infinitiv Präsens	Infinitiv Präsens	Infinitiv Präsens
Nachzeitigkeit (NZ)	Infinitiv Futur	Infinitiv Futur	Infinitiv Futur

Übung 20

1. Bestimme in den Sätzen a)–f) jeden Infinitiv.
2. Erstelle eine Tabelle in deinem Heft, die genauso angelegt ist wie die Tabelle auf Seite 64 ganz unten, und trage jeden Infinitiv in die zutreffende Spalte ein. Schreibe hinter den Infinitiv den Buchstaben des entsprechenden Satzes.
3. Versuche, eine Regel zu formulieren.
4. Überprüfe zunächst deine Lösungen zu 1. bis 3. Übersetze dann die Sätze und trage sie in dein Heft ein.

a) Maria hodie fabulam narrare cupiebat.
b) Gustavus gaudebat Mariam fabulam narrare.
c) Maria narrat Romanos multa templa aedificavisse et ornavisse.
d) Maria narrat hodie quoque templa Romanorum visitari.
e) Maria dicit postea quoque homines templa Romanorum visitaturos esse.
f) Maria postridie parata erit fabulam novam narrare.

Überprüfe die Übung mit Hilfe des Lösungsteils.

Am folgenden Beispiel soll der Unterschied zwischen dem Lateinischen und dem Deutschen nochmals klar gemacht werden.

Beispiel

a) Gustavus gaudet Mariam fabulam narrare.
Gustav freut sich, dass Marie eine Geschichte erzählt.
b) Gustavus gaudebat Mariam fabulam narrare.
Gustav freute sich, dass Marie eine Geschichte erzählte.
c) Gustavus gaudebit Mariam fabulam narrare.
Gustav wird sich freuen, dass Marie eine Geschichte erzählen wird / erzählt.

An diesen Sätzen kannst du zwei Regeln erkennen:

1. Im Lateinischen hat sich das Tempus des Hauptverbs geändert: a) Präsens, b) Imperfekt, c) Futur, das Tempus des Infinitivs aber nicht. Das heißt: Das **Zeitverhältnis der**

Gleichzeitigkeit besteht in allen drei Sätzen: Gustavs Freude und Maries Erzählung sind gleichzeitig.

2. Obwohl im Lateinischen das Tempus des Infinitivs immer gleich bleibt (der Infinitiv Präsens drückt immer die Gleichzeitigkeit aus), ändert sich im Deutschen das Tempus entsprechend dem Tempus des Hauptverbs: a) er freut sich – sie erzählt, b) er freute sich – sie erzählte, c) er wird sich freuen – sie wird erzählen.

Hinweis Das Deutsche ist oft nicht so genau wie das Lateinische. Deshalb steht an Stelle des Futurs meist das Präsens.

Übung 21

Ergänze die fehlenden Wörter.

Es gibt im Lateinischen wie im Deutschen drei verschiedene Zeitverhältnisse: ______________________________

______________________________.

Dabei bedeutet VZ, dass die Handlung __________ der des übergeordneten Verbs geschieht, GZ, dass die Handlung ______________________________

____

geschieht, NZ, dass die Handlung __________ der des übergeordneten Verbs geschieht.

Für den Infinitiv gelten folgende Regeln:

Der ______________________________ drückt die Gleichzeitigkeit aus, der Infinitiv Perfekt die

______________________________, der ______________________________

______________ die Nachzeitigkeit.

Überprüfe die Übung mit Hilfe des Lösungsteils.

Übung 22

Diesen Text kennst du bereits aus Übung 19 auf Seite 61–62. Aber jetzt musst du die verschiedenen Zeitverhältnisse im Lateinischen und im Deutschen berücksichtigen.

1. Setze in die Leerstellen die entsprechenden Infinitivformen ein.
2. Übersetze den Text und schreibe ihn in dein Heft.

Hinweis

Priamus, -i m: Priamus, König von Troja
Paris, -idis m: Paris, Sohn des trojanischen Königs Priamus
Mercurius, -i m: Gott Merkur, Bote des Jupiter
malum aureum (Akk. Sg. m): goldener Apfel (als Zeichen des Sieges)
pulcherrimae (Dat. Sg. f) feminarum: der schönsten der Frauen

Das Urteil des Paris (I)

Maria amicis fabulam claram narrat: Olim Priamo, regi Troianorum, filium Paridem ________________ . Eum cum pastoribus in montibus ________________ . Aliquando deum Mercurium ad Paridem ________________ et tres feminas pulchras ________________ . Mercurium Paridi malum aureum __________ et __________: „Iuppiter te ________________ iubet. Da malum aureum pulcherrimae feminarum!" Tum Maria desinit fabulam ________________ . Sed amicae clamant: „Te fabulam de Paride ______________ nos valde iuvat. Cupimus finem fabulae ______________ ." Maria dicit: „Parata sum, sed non hodie." Tum amicae: „Bene, cupimus te cras nobis finem fabulae ____________________________ ."

Tipp

Ergänze bei jedem Satz bis Zeile 5 ‚Maria narrat'.

Überprüfe die Übung mit Hilfe des Lösungsteils.

Pronomina im a.c.i.

Oft steht im a.c.i. ein **Pronomen** (Fürwort) an Stelle eines Nomens.

Beispiel

Gustavus dicit **se** discipulum optimum esse.
Gustav sagt, dass er der beste Schüler sei.

In diesem Satz bezieht sich ‚se' auf den Sprecher, auf Gustav. Deshalb ist dieses **Personalpronomen** (Fürwort an Stelle eines Nomens) ein **Reflexivpronomen**: rückbezügliches Fürwort. Reflexive Pronomen im a.c.i. beziehen sich meistens auf das Subjekt des Satzes, von dem der a.c.i. abhängt.

Beispiel

Gustavus dicit **eum** discipulum optimum esse.
Gustav sagt, dass er (dieser) der beste Schüler sei.

Hier bezieht sich ‚eum' auf einen anderen Schüler, weist auf ihn hin. Deshalb ist dieses ein **Demonstrativpronomen**: hinweisendes Fürwort.

Tipp

Oft ist es hilfreich, wenn du die Formen von ‚is' – soweit es der Sinn zulässt – mit «dieser» übersetzt.

Übung 23

Übersetze die folgenden Sätze in deinem Heft und gib an, wer mit ‚suos' bzw. ‚eius' gemeint ist.

a) Gustavus gaudet Mariam libros suos mirari.
b) Gustavus aegre fert Mariam libros eius mirari.

Überprüfe die Übung mit Hilfe des Lösungsteils.

In Satz a) steht mit ‚suos' ein reflexives (sich auf das Subjekt zurückbeziehendes) **Possessivpronomen** (besitzanzeigendes Fürwort).
In Satz b) bezieht sich ‚eius' auf einen anderen Schüler, weist auf ihn hin. Deshalb steht hier wieder das **Demonstrativpronomen**.

Hinweis

Übung 24

Ergänze die fehlenden Wörter.

Wenn sich in einem a.c.i. ein Pronomen auf das übergeordnete Subjekt bezieht, dann steht ein ____________________ ____________________. Ist jemand anderes gemeint, so steht ein ______________________________________.

Überprüfe die Übung mit Hilfe des Lösungsteils.

Die Formen des Reflexiv-, Demonstrativ- und Possessivpronomens findest du auf Seite 71.

Hinweis

Übung 25

1. Schreibe aus jedem a.c.i. des unten stehenden Textes den Subjektsakkusativ und den Infinitiv in dein Heft.
2. Suche alle Reflexivpronomina und Demonstrativpronomina heraus. Gib bei jedem Pronomen (mit Zeilenangabe) an, auf wen es sich bezieht.
3. Überprüfe zunächst die Lösungen zu 1. und 2. mit Hilfe des Lösungsteils. Übersetze dann den Text und schreibe ihn in dein Heft.

Hinweis

‚Inne': das angehängte -ne drückt eine Frage aus: «Habt ihr im Gedächtnis behalten?»
Mercurius, -i m: Bote des Jupiter (bei den Griechen: Hermes)
Paris, -idis m: Sohn des trojanischen Königs Priamus
pulcherrimae (Dat. Sg. f) feminarum: der schönsten der Frauen
malum aureum (Akk. Sg. m): goldener Apfel (als Zeichen des Sieges)
Iuno, -onis f: Frau des Jupiter (bei den Griechen: Hera)
Iuppiter, Iovis m: der höchste Gott (bei den Griechen: Zeus)
Minerva, -ae: Göttin der Klugheit (bei den Griechen: Athene)
Venus, -eris f: Göttin der Schönheit (bei den Griechen: Aphrodite)

Das Urteil des Paris (II)

Postridie Maria amicas rogat: „Inne memoria tenuistis deum Mercurium Paridi mandatum dedisse?" Tum Lucia: „Mercurius dixit Paridem pulcherrimae feminarum malum aureum dare oportere." – „Bene", Maria dicit et narrat: „Prima femina dixit se Iunonem, uxorem Iovis, esse; promisit se Paridi imperium Asiae daturam esse. Tum altera femina dixit se Minervam, filiam Iovis, esse; promisit se eum imperatorem clarum facturam esse. Tertia femina se Venerem, deam amoris, esse dixit et promisit se ei feminam pulcherrimam omnium daturam esse. Tum Paris Venerem vicisse et se ei malum aureum daturum esse dixit."

Überprüfe die Übung mit Hilfe des Lösungsteils.

Lernposter: Pronomina

Formen des Demonstrativpronomens

	Singular			Plural		
	m	**f**	**n**	**m**	**f**	**n**
Nominativ	is	ea	id	iī (eī)	eae	ea
Genitiv		eius		eōrum	eārum	eōrum
Dativ		eī			iīs (eīs)	
Akkusativ	eum	eam	id	eōs	eās	ea
Ablativ	eō	eā	eō		iīs (eīs)	

Formen des Reflexivpronomens

	(Singular und Plural, mask. und fem.)
Genitiv	suī
Dativ	sibī
Akkusativ	sē
Ablativ	sē (sēcum statt cum sē)

Formen des Possessivpronomens

Diese Formen werden nach der ā- / o-Deklination nach dem Beispiel von bonus, bona, bonum dekliniert:
suus, sua, suum

Kopiere und vergrößere dir die Übersicht auf DIN-A3-Format und hänge sie über deinen Schreibtisch an die Wand.

Bearbeite jetzt den Test Nr. 3. Du findest ihn auf Seite 76–77.
Lies dir zuvor die Seite 72 genau durch.

Eine gute Vorbereitung: Tests zum Üben

Tipp

Hier einige Tipps, die dir zugleich helfen, bessere Klassenarbeiten zu schreiben.

Nicht gleich anfangen! Wenn der Aufgabenzettel ausgeteilt ist, solltest du auf keinen Fall sofort zu arbeiten beginnen, sonst gehen dir vielleicht wichtige mündliche Hinweise verloren, die der Lehrer gibt. Solche Hinweise schreibst du nicht auf irgendeinen Zettel, sondern gleich auf das Aufgabenblatt.

Alles durchlesen! Lies die Aufgabenstellung sorgfältig Wort für Wort durch und markiere mit dem Farbstift wichtige Stellen des Arbeitsauftrages. Bei jeder Aufgabe solltest du genau überlegen: Was ist gegeben – was ist verlangt?

Einfälle sofort stichwortartig notieren! Was dir bereits beim Lesen zur Aufgabenlösung einfällt, notiere gleich auf dem Blatt neben der Aufgabe – und zwar leserlich.

Die Zeit einteilen! Teile die Zeit entsprechend der Anzahl der Aufgaben ein. Solltest du innerhalb der geplanten Zeit die Aufgabe nicht lösen können, fange mit der nächsten an.

Vom Leichten zum Schweren! Bearbeite erst die Aufgaben, die du auf Anhieb lösen kannst; dann legt sich deine Aufregung.

Genau abschreiben! Wenn du z. B. Verben in die entsprechende Zeit setzen sollst, passieren leicht Rechtschreibfehler. Das kann schon einen Punktabzug bedeuten.

Das Ergebnis noch einmal kontrollieren! Überprüfe am Schluss noch einmal deine Lösungen. Beachte dabei die Fragestellungen der Aufgaben.

Für den ersten Test hast du 60 Minuten Zeit, für den zweiten und dritten Test jeweils 45 Minuten. Arbeite bitte nicht länger, damit du eine realistische Einschätzung deines Arbeitstempos bekommst. Die Bewertungspunkte stehen jedes Mal neben der Aufgabe. Am Ende der einzelnen Tests erfährst du, wie du deine Gesamtpunktzahl und eine Zensur ermittelst.

Test 1

Zeit: 60 Minuten

1. Streiche im folgenden Text alle Nominative durch. — **12 Punkte**
2. Unterstreiche zunächst jeden Akkusativ und kreise dann jeden Dativ ein. — **8 + 2 Punkte**
   Denke an mögliche Attribute. — **12 Punkte**

3. a Schreibe jeden Genitiv in dein Heft; schreibe hinter jeden Genitiv die zugehörige Frage und gib an, um welchen Genitiv es sich handelt. — **18 Punkte**

3. b Verfahre genauso mit jedem Ablativ: Schreibe die Ablative in dein Heft, gib die dazugehörige Frage an und notiere, um welchen Ablativ es sich jeweils handelt. Denke wieder an mögliche Attribute.

4. Übersetze den Text in deinem Heft.

Im Wirtshaus

Ein berühmter römischer Feldherr, Pompeius, hat einen großen Sieg errungen. Er feiert deshalb einen Triumph(zug).

Pater cum pueris Romam venit. Nam triumphum Pompei spectare student. Post triumphum milites magna cum laetitia in tabernam properant. Etiam pater cum pueris tabernam virorum plenam intrat. Milites in taberna pleni vini et superbiae clamant: „Gloria populi Romani magna est. Nam nos milites cum Pompeio cunctos populos vincimus. Nemo fortior populo Romano est. Dei nobis adsunt, magnam praedam populo Romano dant.“

Überprüfe nun deine Lösungen.

Bewertung

Die Punkte, die du in den Aufgaben 1 bis 3 erreichst, zählst du zusammen. Pro Fehler musst du einen Punkt abziehen.

Nach diesem Bewertungsmaßstab kannst du deine Leistungen einschätzen.

Punkte	52–49	48–44	43–38	37–31	30–16	15–0
Zensur	1	2	3	4	5	6

Für Aufgabe 4, die Übersetzung, gilt:

Fehler	1	2	3–4	5–6	7–8	ab 9
Zensur	1	2	3	4	5	6

Die Gesamtnote errechnest du so:

Zensur Aufgabe 1 bis 3 + Zensur Aufgabe 4 =

☐, geteilt durch 2 = ☐

Zeit: 45 Minuten

Test 2

42 Punkte **1.** Schreibe aus dem folgenden Text alle finiten Verbformen außer den konjunktivischen heraus und bestimme sie.

35 Punkte **2.** Schreibe die konjunktivischen Verbformen heraus, bestimme sie und gib an, um welche Art des Konjunktivs es sich dabei handelt.

3. Übersetze den Text.

Löse alle Aufgaben in deinem Heft.

Halb Mensch, halb Stier

Einst töteten die Athener den Sohn des Königs der Insel Kreta. König Minos schickte einen Boten nach Athen und verlangte eine schreckliche Entschädigung:

„Mittite septem pueros septemque puellas!“ In Creta liberi in labyrinthum ad Minotaurum missi sunt. Liberi clamaverunt: „Quid faciamus? Utinam ne Minotaurus nos necet! Deos oremus et auxilium petamus!“ Et profecto. Theseus, filius regis Atheniensium, dixit: „Ne liberi Atheniensium a Minotauro necentur! Ego bestiam supero.“ Tum Theseus bestiam necavit et liberos servavit.

Minotaurus, -i m: Minotaurus, ein Wesen, das halb Mensch, halb Stier war

Hinweis

Überprüfe nun deine Lösungen.

Bewertung

Die Punkte, die du in den Aufgaben 1 und 2 erreichst, zählst du zusammen. Pro Fehler musst du einen Punkt abziehen.

Punkte	77–70	69–60	59–50	49–38	37–20	19–0
Zensur	1	2	3	4	5	6

Nach diesem Bewertungsmaßstab kannst du deine Leistungen einschätzen.

Für Aufgabe 3, die Übersetzung, gilt:

Fehler	1	2	3–4	5–6	7–8	ab 9
Zensur	1	2	3	4	5	6

Die Gesamtnote errechnest du so:

Zensur Aufgabe 1 und 2 + Zensur Aufgabe 3 =

☐, geteilt durch 2 = ☐

Zeit: 45 Minuten	**Test 3**

10 Punkte — 1. Unterstreiche im folgenden Text alle Infinitive und schreibe das jeweilige Zeitverhältnis (VZ, GZ, NZ) dazu.

12 Punkte — 2. Schreibe aus jedem a.c.i. den Subjektsakkusativ und den Infinitiv in dein Heft. Gib an, welche Funktion im Satz der a.c.i. hat.

21 Punkte — 3. Suche alle Pronomina (Personal-, Reflexiv- und Demonstrativpronomina) heraus. Gib bei jedem Pronomen an, auf wen es sich bezieht.
Füge jeweils die Zeilenangabe hinzu.

4. Übersetze den Text in deinem Heft.

Die schönste Frau der Welt

Paulo post Paris, filius regis Troianorum, in Graeciam venit. Ibi Helenam, uxorem regis Graecorum, vidit et exclamavit: „In memoria teneo Venerem deam promisisse se pulcherrimam feminam omnium mihi daturam esse. Hanc feminam pulcherrimam omnium esse me iuvat. Cupio eam mecum Troiam ducere. Cupio enim eam in Troia uxorem meam futuram esse.“

Überprüfe nun deine Lösungen.

Bewertung

Die Punkte, die du in den Aufgaben 1 bis 3 erreichst, zählst du zusammen. Pro Fehler musst du einen Punkt abziehen.

Nach diesem Bewertungsmaßstab kannst du deine Leistungen einschätzen.

Punkte	43–41	40–37	36–32	31–27	26–16	15–0
Zensur	1	2	3	4	5	6

Für Aufgabe 4, die Übersetzung, gilt:

Fehler	1	2	3–4	5–6	7–8	ab 9
Zensur	1	2	3	4	5	6

Die Gesamtnote errechnest du so:

Zensur Aufgabe 1 bis 3 + Zensur Aufgabe 4 =

[ ], geteilt durch 2 = [ ]

Zum Vergleichen: Die Lösungen

Der Akkusativ

Seite 14

Lösungen zu Übung 1

1.+2.

a) Pater Gustavum studiosum dicit.
S AO Pr

b) Gustavus Marcum amicum habet.
S AO Pr

c) Pater Gustavum comitem sumit.
S AO Pr

d) Maria fortem se praestat.
S AO Pr

3.

a) Der Vater nennt Gustav fleißig.

b) Gustav hält Marcus für seinen Freund.

c) Der Vater nimmt Gustav zum Begleiter.

d) Marie zeigt sich als tapfer.

4.

In Satz a) denkt das Deutsche wie das Lateinische. In den Sätzen b) und c) wird der zweite Akkusativ mit einer Präposition wiedergegeben («für» und «zu»), in Satz d) mit einer Vergleichspartikel («als»).

Seite 16

Lösung zu Übung 2

Die rot gedruckten Fragen solltest du – im Uhrzeigersinn – in deiner Mindmap ergänzt haben:
Objekts-Akkusativ: **Wen oder was?** Doppelter Akkusativ: **Wofür? Wozu? Als was?** Akkusativ der Richtung: **Wohin?** Akkusativ der zeitlichen Ausdehnung: **Wie lange? Für wann? Bis wann?** Akkusativ der räumlichen Ausdehnung: **Wie lang? Wie breit? Wie hoch? Wie tief?**

Seite 17

Lösungen zu Übung 3

Der Akkusativ gibt die **Richtung der Handlung** an. Als Objekts-Akkusativ gibt der Akkusativ an, worauf sich die Handlung **des Prädikats** richtet. Ein zweiter **prädikativer** Akkusativ steht neben dem Objekts-Akkusativ nach Verben wie **machen, wählen, (er)nennen, halten, haben, nehmen, geben, sich zeigen, sich bewähren.** Die Funktion einer **adverbialen Bestimmung** hat der Akkusativ als Akkusativ der räumlichen und zeitlichen **Ausdehnung** sowie als Akkusativ der **Richtung.**

Der Dativ

Seite 23

Lösungen zu Übung 4

Die rot gedruckten Fragen solltest du – im Uhrzeigersinn – in deiner Mindmap ergänzt haben:

Dativ als indirektes Objekt: **Wem?** Dativus commodi: **Für wen? In wessen Interesse?** Dativus incommodi: **Zu wessen Nachteil?** Dativus possessivus: **Wem?** Dativus finalis: **Wozu?** Dativ bei Adjektiven (von Verben abgeleitet): **Wem?** Dativ bei Adjektiven mit Dativus commodi: **Für wen? In wessen Interesse?** Dativ bei Adjektiven mit Dativus incommodi: **Zu wessen Nachteil?**

Seite 24

Lösungen zu Übung 5

Der Dativ ist der Kasus des **entfernteren** oder **indirekten Objekts**, das von einer Tätigkeit nicht direkt betroffen wird. Als indirektes Objekt antwortet er auf die Frage «**Wem?**». Als **Dativus commodi** oder Dativus incommodi bezeichnet er die Person oder Sache, zu deren Vorteil oder Nachteil etwas geschieht. Er antwortet auf die Fragen «**Für wen?**», «**In wessen Interesse?**» **bzw.** «**Zu wessen Nachteil?**».
Der Dativus possessivus zusammen mit **esse** bezeichnet den **Besitzer.** Er antwortet auf die Frage «**Wem?**». Der **Dativus finalis** bezeichnet den Zweck oder die Wirkung. Er antwortet auf die Frage «**Wozu?**». Oft ist er mit einem weiteren Dativ zum **doppelten Dativ** verbunden.
Der Dativ steht nicht nur mit Verben, sondern auch mit bestimmten **Adjektiven** und **Adverbien.** Entweder sind sie von **Verben, die den Dativ regieren,** abgeleitet, oder sie haben den **Dativus commodi** oder **incommodi** bei sich.

Radiere falsche Lösungen aus oder streiche sie durch. Bearbeite diese Aufgaben noch einmal.

Seite 25

Lösungen zu Übung 6

1.

Multos annos Graeci Troiam oppugnaverunt. Sed frustra. Nam Graecis neque milites fortes neque auxilium deorum usui erat. Tum Ulixes dolum invenit. Graeci equum ligneum aedificaverunt et ibi milites fortissimos occultaverunt. Graeci istum equum Troianis donum dederunt, sed ipsi naves conscenderunt et decem milia navigaverunt. Troiani equum ligneum viderunt et diem festum egerunt. Putabant enim istum equum donum deorum. Sed Troiani errabant. Nam Iuppiter Troianis inimicus erat. Itaque noctu milites Graecorum equum reliquerunt et Troianos necaverunt.

2.

AO	dopp. Akk.	Akk. als AB	DO	Dat. commodi	Dat. finalis
Troiam (Z.1)	donum (Z.5)	multos annos (Z.1)	Graecis (Z.2)	Troianis (Z.9)	usui (Z.3)
dolum (Z.3)	donum (Z. 8)	decem milia (Z.6)	Troianis (Z.5)		
equum ligneum (Z.3)					
milites fortissimos (Z.4)					
istum equum (Z.5)					
naves (Z.5)					
equum ligneum (Z.6/7)					
diem festum (Z.7)					
istum equum (Z.8)					
equum (Z.10)					
Troianos (Z.10)					

3.

Viele Jahre (lang) belagerten die Griechen Troja. Aber vergeblich. Denn den Griechen waren weder tapfere Soldaten noch die Hilfe der Götter vorteilhaft. Da erfand Odysseus eine List. Die Griechen bauten ein hölzernes Pferd und versteckten dort ihre tapfersten Soldaten. Die Griechen gaben dieses Pferd den Trojanern zum Geschenk, aber sie selber bestiegen die Schiffe und segelten zehn Meilen weit (weg). Die Trojaner sahen das hölzerne Pferd und feierten ein Fest. Denn sie hielten dieses Pferd für ein Geschenk der Götter. Aber die Trojaner irrten sich. Denn Jupiter war den Trojanern feindlich (gesinnt). Deshalb verließen in der Nacht die Soldaten der Griechen das Pferd und töteten die Trojaner.

Der Genitiv

Seite 34

Lösungen zu Übung 7

Die rot gedruckten Fragen solltest du – im Uhrzeigersinn – in deiner Mindmap ergänzt haben:

Genitivus possessivus: **Wessen?** Genitivus partitivus: **Wovon?** Genitivus explicativus: **Was ist gemeint?** Genitivus subiectivus: **Wer handelt?** Genitivus obiectivus: **Worauf richtet sich das Tun?** Genitivus qualitatis: **Von welcher Eigenschaft?** Genitiv bei Verben des Erinnerns und Vergessens: **Wessen? An wen oder was?** / bei Verben der Empfindung: **Wessen? Worüber?** / bei Verben der Gerichtssprache: **Wessen?** / bei Verben des Geltens usw. (Genitivus pretii): **Von welchem Wert?**

Seite 35

Lösungen zu Übung 8

Radiere falsche Lösungen aus oder streiche sie durch. Bearbeite diese Aufgaben noch einmal.

Im Genitiv stehen **Ergänzungen**. Bei Nomina gibt der Genitiv die **Zugehörigkeit** einer Person oder Sache zu einer anderen an. In diesen Fällen hat er die Funktion eines **Attributs**. Auf die Frage «Wessen?» bezeichnet der **Genitivus possessivus** den **Besitzer**. Auf die Frage «Wovon?» bezeichnet der Genitivus partitivus das **Ganze**, von dem ein Teil angegeben wird. Auf die Frage «Was ist gemeint?» erklärt der Genitivus **explicativus** einen allgemeinen

Begriff näher. Der Genitivus subiectivus bzw. obiectivus gibt auf die Frage «**Wer handelt?**» bzw. «**Worauf richtet sich das Tun?**» das Subjekt bzw. Objekt an.
Auf die Frage «Von welcher Eigenschaft?» bezeichnet der Genitivus **qualitatis** die Eigenschaft des übergeordneten Substantivs.
Bei Verben gibt der Genitiv den **Bereich** an, in den die Verbalhandlung fällt. Dazu gehören die Verben des **Erinnerns** und **Vergessens**,
unpersönliche Ausdrücke der **Empfindung**,
die Verben der **Gerichtssprache**
sowie die Verben des Geltens und Wertseins und des (Ver-) kaufens beim Genitivus pretii auf die Frage «**Von welchem Wert?**».

Lösungen zu Übung 9

Seite 36

1.
Androclus servus senatoris Romani erat. Olim dominus Androcli in Africam venit, nam istam provinciam administrabat. Hic senator magnae crudelitatis erat. Androclum servum cottidie vexabat. Quare Androclus timore domini effugit. Subito leo maximus Androclo appropinquavit. Timor Androcli ingens erat. Sed leo in virum non procurrit, nam vulnere vexabatur. Tum Androclus timoris oblitus est et leonem sanavit.
Paulo post Androclus a militibus senatoris captus et Romam missus est. Ibi Androclus ad bestias damnatus est. In circo leo praedae cupidus in Androclum timoris plenum procurrit. Sed subito leo consistit. Androclum recognoscit. Leo auxilii Androcli meminit. Quare virum non necat. Populus valde miratur; postremo causam audit et Androclo et leoni libertatem dat.

2.

senatoris Romani:	Wessen?	Gen. poss.
Androcli:	Wessen?	Gen. poss.
magnae crudelitatis:	Von welcher Eigenschaft?	Gen. qualitatis
domini:	Worauf richtet sich das Tun?	Gen. obiectivus
Androcli:	Wer handelt?	Gen. subiectivus
timoris:	Wessen?	Gen. bei den Verben des Erinnerns / Vergessens
senatoris:	Wessen?	Gen. poss.
praedae:	Worauf richtet sich das Tun?	Gen. obiectivus
timoris:	Wovon?	Gen. partitivus
auxilii:	Wessen?	Gen. bei den Verben des Erinnerns / Vergessens
Androcli:	Wessen?	Gen. poss.

3.
Androclus war der Sklave eines römischen Senators. Einst kam der Herr des Androclus nach Africa, denn er verwaltete diese Provinz. Dieser Senator war von großer Grausamkeit. Er quälte (seinen) Sklaven Androclus täglich. Deshalb entfloh Androclus aus Angst vor dem Herrn. Plötzlich näherte sich ein riesiger (sehr großer) Löwe dem Androclus. Die Angst des Androclus war gewaltig. Aber der Löwe stürmte nicht gegen den Mann, denn er wurde von einer Wunde gequält. Da vergaß Androclus seine Angst und heilte den Löwen.
Kurz darauf wurde Androclus von Soldaten des Senators gefangen genommen und nach Rom geschickt. Dort wurde Androclus zur Hinrichtung durch wilde Tiere verurteilt. Im Circus stürmt ein Löwe begierig nach Beute auf Androclus, der voller Angst ist, los. Aber plötzlich bleibt der Löwe stehen. Er erkennt Androclus wieder. Der Löwe erinnert sich an die Hilfe des Androclus. Deshalb tötet er den Mann nicht. Das Volk wundert sich sehr; schließlich hört es den Grund und schenkt (gibt) dem Androclus und dem Löwen die Freiheit.

4.
Durch das plötzliche Präsens wird die Geschichte lebendig; sie wird geradezu in die Gegenwart des Lesers, der gleichsam zum Zuschauer wird, geholt. (Diesen Tempusgebrauch nennt man «historisches Präsens».)

Der Ablativ

Seite 45

Lösungen zu Übung 10

Die rot gedruckten Fragen solltest du – im Uhrzeigersinn – in deiner Mindmap ergänzt haben:
Ablativus separativus: **Woher? Von wo aus?** Ablativus comparationis: **Als wer oder was?** Ablativus sociativus: **Mit wem?** Ablativus modi: **Wie?** Ablativus qualitatis: **Von welcher Eigenschaft?** Ablativus instrumentalis: **Womit? Wodurch?** Ablativus causae: **Weshalb?** Ablativus limitationis: **In welcher Hinsicht?** Ablativus mensurae: **Um wie viel?** Ablativus temporis: **Wann? Innerhalb welcher Zeit?** Ablativus loci: **Wo?**

Seite 45

Lösungen zu Übung 11

Der Ablativ hat die Funktionen dreier verschiedener Kasus übernommen. Er antwortet auf die Fragen «**Woher?**», «**Wovon?**» als Ablativus separativus, auf die Fragen «Womit?», «Wodurch?» als **Ablativus instrumentalis**, auf die Fragen «**Wo?**» und «**Wann?**» als Ablativus loci und Ablativus temporis.
Der Ablativus **separativus** gibt eine Trennung an, der Ablativus comparationis steht beim **Vergleich**, der Ablativus **sociativus** gibt eine begleitende Person, der Ablativus modi einen **begleitenden Umstand** an.
Der Ablativus **instrumentalis** gibt das Mittel oder Werkzeug, der Ablativus causae **die Ursache oder den Grund** an, der Ablativus **limitationis** bezeichnet den Bereich,

Radiere falsche Lösungen aus oder streiche sie durch. Bearbeite diese Aufgaben noch einmal.

für den eine Aussage Geltung hat, der Ablativus **mensurae** gibt bei einem Komparativ das Maß des Unterschieds an.
Der Ablativus loci steht bei **Städten und kleineren Inseln**, der Ablativus temporis antwortet auf die Fragen «**Wann?**», «**Innerhalb welcher Zeit?**».

Lösungen zu Übung 12

Seite 46

1.
Feriis Gustavus cum Marco villam avunculi visitat. Vespere amici villam intrant: tota familia iam adest. Et dominus et domina amicos adesse gaudent et magna cum laetitia salutant. Amici dominam floribus magnae pulchritudinis delectant et gratias agunt. Domina dono valde gaudet et dicit: „Hoc donum mihi magni est. Gratias vobis ago." Post cenam omnes e lectis surgunt et dormire cupiunt.

2.

Kasus	Frage	Beispiel
Gen. poss.:	Wessen?	avunculi (Z. 1)
Gen. qual.:	Von welcher Eigenschaft?	magnae pulchritudinis (Z. 4)
Gen. pretii:	Von welchem Wert?	magni (Z. 6)
Abl. temp.:	Wann? Innerhalb welcher Zeit?	feriis, vespere (Z. 1)
Abl. soc.:	Mit wem?	cum Marco (Z. 1)
Abl. mod.:	Wie?	magna cum laetitia (Z. 3)
Abl. instr.:	Womit? Wodurch?	floribus (Z. 4)
Abl. caus.:	Weshalb?	dono (Z. 5)
Abl. sep.:	Woher? Von wo aus?	e lectis (Z. 7)

3.
In den Ferien besucht Gustav mit Marcus das Landhaus des Onkels. Am Abend betreten die Freunde das Landhaus: Die ganze Familie ist schon anwesend. Sowohl der Herr als auch die Herrin freuen sich, dass die Freunde da sind, und begrüßen sie mit großer Freude. Die Freunde erfreuen die Herrin mit Blumen von großer Schönheit und bedanken sich. Die Herrin freut sich sehr über das Geschenk und sagt: «Dieses Geschenk ist mir viel wert. Ich danke euch.» Nach der Mahlzeit erheben sich alle von ihren Betten und wollen schlafen.

Lösungen zu Übung 13

Die Modi in Hauptsätzen

Seite 52

1.
a) „Aeneas cum patre et filio et amicis Troiam relinquit."
b) „Utinam dei nos e periculo servent!"
c) „Auxilium pete a rege!"
relinquit: 3. Pers. Sg. Ind. Präs. Akt. / servent: 3. Pers. Pl. Konj. Präs. Akt. / pete: 2. Pers. Sg. Imp. Präs. Akt.

2.

a) Aeneas verlässt mit seinem Vater, seinem Sohn und seinen Freunden Troja.

b) Ach, wenn doch die Götter uns aus der Gefahr retten!

c) Hol Hilfe vom König!

3.

In Satz a) wird eine Aussage über eine wirkliche Handlung gemacht: Er verlässt Troja tatsächlich. In Satz b) wird ein Wunsch geäußert: Ach, wenn sie doch helfen! In Satz c) wird ein Befehl ausgesprochen: Hol Hilfe!

Seite 53 **Lösungen zu Übung 14**

Es gibt im Lateinischen drei Modi (Sg.: **Modus**). Modi sind die «**Aussageweisen**» der finiten Verbformen. Sie heißen **Indikativ**, **Konjunktiv** und **Imperativ**. Im Indikativ stehen Aussagen über die **Wirklichkeit**. Im **Konjunktiv** stehen Aussagen über die **Nichtwirklichkeit** (ÜWAB: **Überlegung, Wunsch, Aufforderung, Befehl**). Der Imperativ ist der Modus des **Befehls**.

Seite 55 **Lösungen zu Übung 15**

1.

appropinquat: 3. Pers. Sg. Ind. Präs. Akt. (Z. 1) / dicit: 3. Pers. Sg. Ind. Präs. Akt. (Z. 1) / maneas: 2. Pers. Sg. Konj. Präs. Akt. (Z. 1) / naviga: 2. Pers. Sg. Imp. Präs. Akt. (Z. 2) / iubet: 3. Pers. Sg. Ind. Präs. Akt. (Z. 3) / paret: 3. Pers. Sg. Ind. Präs. Akt. (Z. 3) / iubet: 3. Pers. Sg. Ind. Präs. Akt. (Z. 3) / clamant: 3. Pers. Pl. Ind. Präs. Akt. (Z. 4) / maneamus: 1. Pers. Pl. Konj. Präs. Akt. (Z. 4) / audit: 3. Pers. Sg. Ind. Präs. Akt. (Z. 5) / rogat: 3. Pers. Sg. Ind. Präs. Akt. (Z. 5) / relinquit: 3. Pers. Sg. Ind. Präs. Akt. (Z. 6) / maneant: 3. Pers. Pl. Konj. Präs. Akt. (Z. 6) / navigant: 3. Pers. Pl. Ind. Präs. Akt. (Z. 7) / est: 3. Pers. Sg. Ind. Präs. Akt. (Z. 7) / dicit: 3. Pers. Sg. Ind. Präs. Akt. (Z. 8) / vivam: 1. Pers. Sg. Konj. Präs. Akt. (Z. 8) / reliquit: 3. Pers. Sg. Ind. Perf. Akt. (Z. 8) / dat: 3. Pers. Sg. Ind. Präs. Akt. (Z. 9)

2.

Radiere falsche Lösungen aus oder streiche sie durch. Bearbeite diese Aufgaben noch einmal.

Mercurius Aeneae appropinquat et dicit: „Ne maneas Carthagine! Naviga statim in Italiam! Iuppiter te Didonem relinquere iubet." Aeneas paret et amicos naves parare iubet. Sed amici clamant: „Carthagine maneamus!" Dido clamorem amicorum audit et rogat: „Qua de causa Aeneas me relinquit? Utinam Troiani Carthagine maneant!" Sed frustra. Troiani navibus in Italiam navigant. Dido tristissima est et dicit: „Qua de causa vivam? Nam Aeneas me reliquit." Tum Dido sibi mortem dat.

maneas: conj. iussivus

maneamus: conj. adhortativus

maneant: conj. optativus

vivam: conj. deliberativus

3.
Merkur nähert sich Aeneas und sagt: «Du sollst nicht in Karthago bleiben! Segele sofort nach Italien! Jupiter befiehlt dir, Dido zu verlassen.» Aeneas gehorcht und befiehlt seinen Freunden, die Schiffe zu rüsten (vorzubereiten). Aber die Freunde rufen (laut): «Lasst uns in Karthago bleiben!» Dido hört das Geschrei der Freunde und fragt: «Aus welchem Grund verlässt Aeneas mich? Hoffentlich bleiben die Trojaner in Karthago!» Aber vergeblich. Die Trojaner segeln mit (in) ihren Schiffen nach Italien. Dido ist höchst unglücklich und sagt: «Aus welchem Grund soll ich (noch) leben? Denn Aeneas hat mich verlassen.» Darauf gibt Dido sich den Tod (begeht Selbstmord).

Der Infinitiv im Lateinischen

Seite 57

Lösungen zu Übung 16

1.

a) Gustavus fabulam narrat.
S AO Pr

b) Gustavus cupit narrare.
S Pr AO

c) Gustavus cupit fabulam narrare.
S Pr AO zu AO

d) Narrare Gustavum iuvat.
S AO Pr

e) Fabulam narrare Gustavum iuvat.
AO S AO Pr

2.
Subjekte: a) bis c) Gustavus / Nomen d) und e) narrare / Verbum (Infinitiv); Akkusativ-Objekte: a) fabulam / Nomen b) narrare / Verbum (Infinitiv) c) fabulam / Nomen und narrare / Verbum (Infinitiv) d) Gustavum / Nomen e) fabulam / Nomen und Gustavum / Nomen

3.
In Satz c) kommen zwei Akkusativ-Objekte vor: ‚narrare' hängt von ‚cupit', ‚fabulam' von ‚narrare' ab.

4.
Der Infinitiv ‚narrare' hat die Funktion des Subjekts.

5.
‚fabulam' hängt von ‚narrare', ‚Gustavum' von ‚iuvat' ab.

6.
a) Gustav erzählt eine Geschichte. b) Gustav wünscht zu erzählen. c) Gustav wünscht, eine Geschichte zu erzählen. d) Zu erzählen (das Erzählen) erfreut Gustav. e) Eine Geschichte zu erzählen, erfreut Gustav.

Seite 58

Lösungen zu Übung 17

Die Funktion des Subjekts oder Objekts im Satz können nicht nur Nomen, sondern auch **Infinitive** übernehmen. Übernehmen sie die Funktion des Subjekts, so heißen sie **Subjektsinfinitiv**, übernehmen sie die Funktion des **Objekts**, so heißen sie Objektsinfinitiv. Von beiden kann auch ein **Akkusativ-Objekt** abhängen.

Seite 60 **Lösungen zu Übung 18**

Die Abkürzung a.c.i. bedeutet **accusativus cum infinitivo.** Im a.c.i. steht das Subjekt im **Akkusativ**, das Prädikat im **Infinitiv**.
Aus dem Akkusativ im Lateinischen wird im Deutschen ein **Nominativ** (das «Subjekt»), aus dem Infinitiv eine mit dem Subjekt kongruierende (übereinstimmende) **finite Verbform** (das «Prädikat»).
Der a.c.i. wird in der Übersetzung mit «dass» eingeleitet und steht meist nach bestimmten Verben:

1. verba **dicendi**,
2. verba **sentiendi**,
3. verba **affectus** und
4. nach **unpersönlichen** Ausdrücken.

Der a.c.i. kann im Satz die Funktion eines **Subjekts** oder eines **Objekts** haben.

Radiere falsche Lösungen aus oder streiche sie durch. Bearbeite diese Aufgaben noch einmal.

Seite 61 **Lösungen zu Übung 19**

1.
esse, vivere, venire, adducere, dare, dicere, iudicare, narrare, narrare, audire, narrare

2.
/ filium esse / eum vivere / deum venire et adducere / Mercurium dare et dicere / te iudicare / te narrare / te narrare

3.
Te fabulam de Paride narrare nos valde iuvat.

a.c.i. als S AO AB Pr

4.
Marie erzählt ihren Freundinnen eine berühmte Geschichte: (Sie erzählt, dass) Priamus, der König der Trojaner, einen Sohn Paris hat. (... dass) er / dieser mit den Hirten in den Bergen lebt. (... dass) dann der Gott Mercurius zu Paris kommt und drei schöne Frauen herbeiführt. (... dass) Mercurius Paris einen goldenen Apfel gibt und sagt: «Jupiter befiehlt, dass du urteilst. Gib den goldenen Apfel der schönsten der Frauen!» Da hört Marie auf, die Geschichte zu erzählen. Aber die Freundinnen rufen: «Dass du die Geschichte von Paris erzählst, erfreut uns sehr. Wir wollen das Ende der Geschichte hören.» Marie sagt: «Ich bin (dazu) bereit, aber nicht heute.» Darauf (antworten) die Freundinnen: «Gut, wir wünschen, dass du uns morgen das Ende der Geschichte erzählst.»

Lösungen zu Übung 20

Seite 65

1.

a) und b) und f) narrare: Inf. Präs. Akt. c) aedificavisse, ornavisse: Inf. Perf. Akt. d) visitari: Inf. Präs. Pass. e) visitaturos esse: Inf. Fut. Akt.

2.

Das übergeordnete Verb steht in der			
	Vergangenheit	Gegenwart	Zukunft
VZ		aedificavisse c) ornavisse c)	
GZ	narrare a), narrare b)	visitari d)	narrare f)
NZ		visitaturos esse e)	

3.

Die Vorzeitigkeit wird durch den Inifinitiv Perfekt, die Gleichzeitigkeit durch den Infinitiv Präsens, die Nachzeitigkeit durch den Infinitiv Futur ausgedrückt.

4.

a) Marie wollte heute eine Geschichte erzählen. b) Gustav freute sich, dass Marie eine Geschichte erzählte. c) Marie erzählt, dass die Römer viele Tempel gebaut und geschmückt haben. d) Marie erzählt, dass auch heute noch die Tempel der Römer besucht werden. e) Marie sagt, dass auch in Zukunft die Menschen die Tempel der Römer besuchen werden. f) Marie wird morgen bereit sein, eine neue Geschichte zu erzählen.

Lösungen zu Übung 21

Seite 66

Es gibt im Lateinischen wie im Deutschen drei verschiedene Zeitverhältnisse: **Vorzeitigkeit, Gleichzeitigkeit, Nachzeitigkeit.**
Dabei bedeutet VZ, dass die Handlung **vor** der des übergeordneten Verbs geschieht, GZ, dass die Handlung **zur selben Zeit wie die des übergeordneten Verbs** geschieht, NZ, dass die Handlung **nach** der des übergeordneten Verbs geschieht.
Für den Infinitiv gelten folgende Regeln:
Der **Infinitiv Präsens** drückt die Gleichzeitigkeit aus, der Infinitiv Perfekt die **Vorzeitigkeit**, der **Infinitiv Futur** die Nachzeitigkeit.

Seite 67

Lösungen zu Übung 22

1.

fuisse, vixisse, venisse, adduxisse, dedisse, dixisse, iudicare, narrare, narrare, audire, narraturam esse

2.

Marie erzählt ihren Freundinnen eine berühmte Geschichte: (Sie erzählt, dass) einst Priamus, der König der Trojaner, einen Sohn Paris gehabt habe. (... dass) er / dieser mit Hirten in den Bergen gelebt habe. (... dass) einst der Gott Mercurius zu Paris gekommen sei und drei schöne Frauen herbeigeführt habe. (... dass) Mercurius Paris einen goldenen Apfel gegeben und gesagt habe: «Jupiter befiehlt, dass du urteilst. Gib den goldenen Apfel der schönsten der Frauen!» Da hört Marie auf, die Geschichte zu erzählen. Aber die Freundinnen rufen: «Dass du die Geschichte von Paris erzählst, erfreut uns sehr. Wir wünschen / wollen das Ende der Geschichte zu hören.» Marie sagt: «Ich bin (dazu) bereit, aber nicht heute.» Darauf (antworten) die Freundinnen: «Gut, wir wünschen, dass du uns morgen das Ende der Geschichte erzählen wirst.»

Seite 68 **Lösungen zu Übung 23**

a) Gustavus gaudet Mariam libros suos mirari.
Gustav freut sich, dass Marie seine Bücher bewundert.
b) Gustavus aegre fert Mariam libros eius mirari.
Gustav ist ärgerlich, dass Marie seine Bücher bewundert.
Bei beiden Sätzen ist die Übersetzung gleich. In Satz a) bezieht sich «seine» auf Gustav, in Satz b) auf irgendeinen anderen.

Seite 69 **Lösungen zu Übung 24**

Wenn sich in einem a.c.i. ein Pronomen auf das übergeordnete Subjekt bezieht, dann steht ein **Reflexivpronomen**. Ist jemand anderes gemeint, so steht ein **Demonstrativpronomen**.

Seite 70 **Lösungen zu Übung 25**

1.

Mercurium dedisse, Paridem dare, se esse, se daturam esse, se esse, se facturam esse, se esse, se daturam esse, Venerem vicisse, se daturam esse

2.

se (Z. 5): Iuno; se (Z. 5): Iuno; se (Z. 6): Minerva; se (Z. 7): Minerva; eum (Z. 7): Paris; se (Z. 8): Venus; se (Z. 9): Venus; ei (Z. 9): Paris; se (Z. 10): Paris; ei (Z. 10): Venus

3.

Am folgenden Tag fragt Marie ihre Freundinnen: «Habt ihr im Gedächtnis behalten, dass der Gott Merkur Paris einen Auftrag gegeben hat?» Da (antwortet) Lucia: «Merkur hat gesagt, dass es nötig sei, dass Paris der schönsten der Frauen den goldenen Apfel gibt.» – «Gut», sagt Marie und erzählt: Die erste Frau sagte, dass sie Iuno, die Frau des Jupiter, sei; sie versprach, dass sie Paris die Herrschaft über Asien geben werde. Dann sagte die zweite Frau, dass sie Minerva, die Tochter des Jupiter, sei; sie versprach, dass sie ihn zu einem berühmten Feldherrn machen werde. Die dritte Frau sagte, dass sie Venus, die Göttin der Liebe, sei, und versprach, dass sie ihm die schönste Frau von allen geben werde. Darauf sagte Paris, dass Venus gesiegt habe und dass er ihr den goldenen Apfel geben werde.

Radiere falsche Lösungen aus oder streiche sie durch. Bearbeite diese Aufgaben noch einmal.

So gut warst du: Die Lösungen der Tests

Lösungen zu Test 1

Seite 73

1.+2.

~~Pater~~ cum pueris Romam venit. Nam triumphum Pompei spectare student. Post triumphum ~~milites~~ magna cum laetitia in tabernam properant. Etiam ~~pater~~ cum pueris tabernam virorum plenam intrat. ~~Milites~~ in taberna ~~pleni~~ vini et superbiae clamant: „~~Gloria~~ populi Romani ~~magna~~ est. Nam ~~nos~~ ~~milites~~ cum Pompeio cunctos populos vincimus. ~~Nemo~~ ~~fortior~~ populo Romano est. ~~Dei~~ (nobis) adsunt, magnam praedam (populo Romano) dant.“

3.a

Pompei:	Wessen?	Gen. possessivus
virorum:	Wovon?	Gen. partitivus
vini:	Wovon?	Gen. partitivus
populi Romani:	Wessen?	Gen. possessivus

3.b

cum pueris:	Mit wem?	Abl. sociativus
magna cum laetitia:	Wie?	Abl. modi
cum pueris:	Mit wem?	Abl. sociativus
in taberna:	Wo?	Abl. loci
cum Pompeio:	Mit wem?	Abl. sociativus
populo Romano:	Als wer oder was?	Abl. comparationis

4.

Der Vater kommt mit den Jungen nach Rom. Denn sie wollen den Triumph(zug) des Pompeius sehen. Nach dem Triumph(zug) eilen die Soldaten mit großer Freude in ein Gasthaus. Auch der Vater betritt mit den Jungen das Gasthaus, das voll von Männern ist. Die Soldaten im Gasthaus, die voll von Wein und stolz sind, rufen: «Der Ruhm des römischen Volkes ist groß. Denn wir Soldaten besiegen mit Pompeius alle Völker. Niemand ist stärker als das römische Volk. Die Götter stehen uns bei (helfen uns), sie schenken (geben) dem römischen Volk große Beute.»

Lösungen zu Test 2

Seite 74

1.

mittite: 2. Pers. Pl. Imp. Präs. Akt. / missi sunt: 3. Pers. Pl. Ind. Perf. Pass. / clamaverunt: 3. Pers. Pl. Ind. Perf. Akt. / dixit: 3. Pers. Sg. Ind. Perf. Akt. / supero: 1. Pers. Sg. Ind. Präs. Akt. / necavit: 3. Pers. Sg. Ind. Perf. Akt. / servavit: 3. Pers. Sg. Ind. Perf. Akt.

2.

faciamus: 1. Pers. Pl. Konj. Präs. Akt.: deliberativus / necet: 3. Pers. Sg. Konj. Präs. Akt.: optativus / oremus: 1. Pers. Pl. Konj. Präs. Akt.: adhortativus / petamus: 1. Pers. Pl. Konj. Präs. Akt.: adhortativus / necentur: 3. Pers. Pl. Konj. Präs. Pass.: iussivus

3.
«Schickt sieben Jungen und sieben Mädchen!» Auf Kreta wurden die Kinder in das Labyrinth zum Minotaurus geschickt. Die Kinder riefen: «Was sollen wir tun? Hoffentlich tötet uns der Minotaurus nicht! Lasst uns zu den Göttern beten und Hilfe erbitten!» Und tatsächlich. Theseus, der Sohn des Königs der Athener, sagte: «Die Kinder der Athener sollen nicht vom Minotaurus getötet werden! Ich besiege das wilde Tier.» Darauf tötete Theseus das wilde Tier und befreite die Kinder.

Seite 76 **Lösungen zu Test 3**

1.
Paulo post Paris, filius regis Troianorum, in Graeciam venit. Ibi Helenam, uxorem regis Graecorum, vidit et exclamavit: „In memoria teneo Venerem deam promisisse (VZ) se pulcherrimam feminam omnium mihi daturam esse (NZ). Hanc feminam pulcherrimam omnium esse (GZ) me iuvat. Cupio eam mecum Troiam ducere (GZ). Cupio enim eam in Troia uxorem meam futuram esse (NZ).“

2.
Venerem promisisse: Objekt; se daturam esse: Objekt; (hanc) feminam (pulcherrimam) esse: Subjekt; eam (uxorem) futuram esse: Objekt

3.
se (Z. 3): Venus; mihi (Z. 3): Paris; hanc (Z. 3): Helena; me (Z. 4): Paris; eam (Z. 4): Helena; mecum (Z. 4): Paris; eam (Z. 5): Helena

4.
Kurz darauf kam Paris, der Sohn des Königs der Trojaner, nach Griechenland. Dort sah er Helena, die Frau eines Königs der Griechen, und rief aus: «Ich habe im Gedächtnis (Ich erinnere mich), dass die Göttin Venus versprochen hat, dass sie mir die schönste Frau von allen geben wird/werde. Dass diese Frau die schönste von allen ist, erfreut mich. Ich will sie mit mir nach Troja führen. Ich will nämlich, dass sie in Troja meine Frau (werden) wird.»

Auf einen Blick: Die wichtigsten Begriffe

Ablativ — **Abl.** 6. Fall, z. B. auf die Fragen: Womit? Wodurch? Wovon?

Adjektiv — **Adj.** **Eigenschaftswort**, steht in KNG-Kongruenz mit seinem Bezugswort: ‚discipul**us** studios**us**' = der wissbegierige Schüler

Adverb — **Adv.** Gibt einen Umstand an, lässt sich nicht deklinieren: ‚nunc' = jetzt

adverbiale Bestimmung — **AB.** Gibt an, unter welchen **Umständen** die Handlung stattfindet, kann ein Adverb oder ein bloßer Kasus oder ein Präpositionalausdruck sein: ‚nunc' = jetzt, ‚unam horam' = eine Stunde (lang), ‚cum gaudio' = mit Freude

Akkusativ — **Akk.** 4. Fall, z. B. auf die Frage: Wen oder was?

Akkusativ mit Infinitiv — accusativus cum infinitivo = **a.c.i.** Satzglied, in dem ein Akkusativ die Funktion des Subjekts und ein Infinitiv die Funktion des Prädikats übernimmt: ‚Gustavus cupit **Mariam narrare**.' = Gustav wünscht, dass **Marie erzählt**.

Akkusativ-Objekt — **AO.** Objekt im Akkusativ auf die Frage: Wen oder was?

Attribut — **At.** **Beifügung**, kann ein Substantiv (= **Apposition**), Adjektiv, Pronomen oder Partizip sein; steht in KNG-Kongruenz mit seinem Bezugswort: ‚amic**us** me**us**' = mein Freund

Dativ — **Dat.** 3. Fall, z. B. auf die Frage: Wem?

Dativ-Objekt — **DO.** Objekt im Dativ auf die Frage: Wem?

Deklination — **Dekl.** Beugung des Nomens

Demonstrativpronomen — Hinweisendes **Fürwort.** Beispiel: ‚is'

finite Verbform — Bestimmte Verbform: gibt eine der drei möglichen Personen an (Sg. oder Pl.)

Genitiv — **Gen.** 2. Fall, z. B. auf die Frage: Wessen?

Imperativ — **Imp.** Modus (Aussageweise), der einen **Befehl** angibt: ‚Lauda!' = Lobe!

Indikativ	**Ind.** Modus (Aussageweise), der die **Wirklichkeit** angibt: ‚laudo' = Ich lobe
infinite Verbform / Infinitiv	Verbform, die keine bestimmte Person angibt: Infinitiv, Partizip, ‚nd'-Form
intransitives Verb	Verb, das nicht mit einem (Akkusativ-)Objekt verbunden werden kann: ‚stare' = stehen
Kasus	**Fall.** Es gibt im Lateinischen sechs Kasus: Nom., Gen., Dat., Akk., Vok., Abl.
KNG-Kongruenz	Ein **Attribut** stimmt mit seinem Bezugswort in Kasus, Numerus und Genus überein.
Konjugation	**Konjug.** Beugung des Verbs
Konjunktion	Verbindet zwei Sätze miteinander. Beispiel: dass
Konjunktiv	**Konj.** Modus (Aussageweise). Im Konjunktiv stehen Aussagen, die (noch) nicht wirklich sind. Sie sind entweder **Ü**berlegung, **W**unsch, **A**ufforderung oder **B**efehl (ÜWAB).
Kopula	**K** (Hilfsverb). Bildet zusammen mit dem Prädikatsnomen das Prädikat: ‚Gustavus **discipulus est.**' = Gustav ist ein Schüler.
Modus	Es gibt im Lateinischen drei **Aussageweisen**: Indikativ, Konjunktiv, Imperativ
Nominativ	**Nom.** 1. Fall auf die Frage: Wer oder was?
Objekt	Gibt das **Ziel der Handlung** an (Ergänzung): ‚Maria **viam** monstrat.' = Marie zeigt den Weg.
Possessivpronomen	Besitzanzeigendes **Fürwort.** Beispiel: ‚suus'
Prädikat	**Pr.** Gibt die **Handlung** an (Satzaussage). ‚Maria viam **monstrat.**' = Marie zeigt den Weg.
Prädikatsnomen	**PN.** Nomen, das mit der Kopula zusammen das Prädikat bildet: ‚Gustavus **discipulus est.**' = Gustav ist ein Schüler. ‚Turris **praesidio est.**' = Der Turm dient zum Schutz. ‚Socrates magnae **sapientiae erat.**' = Sokrates war sehr weise. ‚Socrates magna **sapientia erat.**' = Sokrates war sehr weise.

Präpositionalausdruck Ein von einer Präposition abhängiger Ausdruck: ‚cum gaudio' = mit Freude

Präposition Wort, das sich nicht beugen lässt und das einen Fall regiert: ‚cum' + Abl.

Pronomen Oberbegriff für **Fürwort**. Beispiel: Possessivpronomen

Reflexivpronomen Rückbezügliches **Fürwort**. Beispiel: ‚se' (Akk.)

Subjekt **S.** Gibt an, wer oder was etwas tut (Satzgegenstand): ‚**Maria** viam monstrat.' = Marie zeigt den Weg.

transitives Verb Verb, das mit einem (Akkusativ-)Objekt verbunden werden kann:
‚**laudare discipulum**' = den Schüler loben

Vokativ **Vok.** 5. Fall, Anrede: „Gustave!" – „Milites!"

Zeitstufe Es gibt drei Zeitstufen: Vergangenheit, Gegenwart, Zukunft

Zeitverhältnis Gibt die zeitliche Beziehung verschiedener Handlungen zueinander an, und zwar:

- **Vorzeitigkeit** (**VZ**): Die Handlung im Nebensatz geschieht **vor** der des übergeordneten Verbs.
- **Gleichzeitigkeit** (**GZ**): Die Handlung im Nebensatz geschieht **zur selben Zeit** wie die des übergeordneten Verbs.
- **Nachzeitigkeit** (**NZ**): Die Handlung im Nebensatz geschieht **nach** der des übergeordneten Verbs.

Immer dabei: Das Lesezeichen

Schneide das letzte Blatt aus und falte es entlang der schwarzen Linie. (Schlau ist es, wenn du dir die Seite 95 vorher kopierst – falls du das Lesezeichen einmal verlegen solltest.) Jetzt hast du ein Lesezeichen, auf dem du immer nachschauen kannst, wenn dir die Bedeutungen bestimmter Fachbegriffe nicht mehr einfallen. (Wenn du Lust hast, kannst du das Lesezeichen unten lochen und dort einen dicken Wollfaden oder Ähnliches durchziehen. Dann ist es noch auffälliger.)

Tipp Kopiere dir zusätzlich die Übersicht auf der letzten Seite, bevor du dein Lesezeichen bastelst. Falls du dich auch in anderen Fächern verbessern möchtest, findest du dort eine Auswahl von weiteren Lerntrainern. Ein Gesamtverzeichnis der *klipp & klar Lerntrainer* erhältst du im Buchhandel.

Die wichtigsten Kasus und die dazugehörigen Fragen

Genitiv

Gen. possessivus *(Wessen?)*
Gen. partitivus *(Wovon?)*
Gen. explicativus *(Was ist gemeint?)*
Gen. subiectivus *(Wer handelt?)*
Gen. obiectivus *(Worauf richtet sich das Tun?)*
Gen. qualitatis *(Von welcher Eigenschaft?)*

Genitiv bei Verben:
- des Erinnerns/Vergessens *(Wessen? An wen oder was?)*
- der Empfindung *(Wessen? Worüber?)*
- der Gerichtssprache (Gen. criminis) *(Wessen?)*
- des Geltens, Wertseins, (Ver)kaufens als Gen. pretii *(Von welchem Wert?)*

Dativ

Indirektes Objekt *(Wem?)*
Dat. commodi *(Für wen? In wessen Interesse?)*
Dat. incommodi *(Zu wessen Nachteil?)*
Dat. possessivus *(Wem?)*
Dat. finalis *(Wozu?)*

Dativ bei Adjektiven:
- von Verben abgeleitet *(Wem?)*
- mit Dat. commodi *(Für wen? In wessen Interesse?)*
- mit Dat. incommodi *(Zu wessen Nachteil?)*

Akkusativ

Objekts-Akkusativ *(Wen oder was?)*
Doppelter Akkusativ *(Wofür? Wozu? Als was?)*
Akkusativ der räumlichen Ausdehnung *(Wie lang? Wie breit? Wie hoch? Wie tief?)*
Akkusativ der zeitlichen Ausdehnung *(Wie lange? Für wann? Bis wann?)*
Akkusativ der Richtung *(Wohin?)*

Ablativ

Abl. separativus *(Woher? Von wo aus?)*
Abl. comparationis *(Als wer oder was?)*
Abl. sociativus *(Mit wem?)*
Abl. modi *(Wie?)*
Abl. qualitatis *(Von welcher Eigenschaft?)*
Abl. instrumentalis *(Womit? Wodurch?)*
Abl. causae *(Weshalb?)*
Abl. limitationis *(In welcher Hinsicht?)*
Abl. mensurae *(Um wie viel?)*
Abl. loci *(Wo?)*
Abl. temporis *(Wann? Innerhalb welcher Zeit?)*

Die Zeitverhältnisse beim Infinitiv/a.c.i.

	Das übergeordnete Verb steht in der		
	Vergangenheit	Gegenwart	Zukunft
Vorzeitigkeit (VZ)	Infinitiv Perfekt	Infinitiv Perfekt	Infinitiv Perfekt
Gleichzeitigkeit (GZ)	Infinitiv Präsens	Infinitiv Präsens	Infinitiv Präsens
Nachzeitigkeit (NZ)	Infinitiv Futur	Infinitiv Futur	Infinitiv Futur

Zeitverhältnisse

Zeitverhältnisse

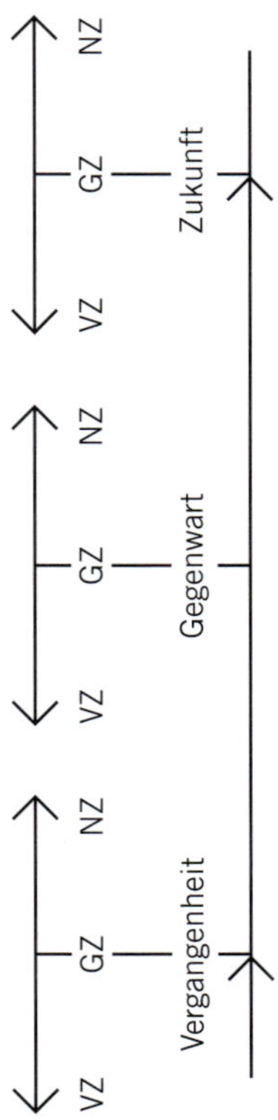

klipp & klar Lerntrainer

Erfolgreich in der Schule – mit den klipp & klar Lerntrainern von rororo. In neuer Rechtschreibung

DEUTSCH

3. Klasse
Grammatik: Wortarten (60292)
Rechtschreibung. Mit Grundwortschatz-Trainer (60297)

4. Klasse
Grammatik: Satzarten, Satzglieder (60298)
Rechtschreibung: Die wichtigsten Regeln. Mit Grundwortschatz-Trainer (60490)

5. und 6. Klasse
Aufsatz: Erzählen (60390)
Aufsatz: Sachtexte (60392)
Grammatik: Satzglieder (60181)
Grammatik: Wortarten (60186)
Grammatik: Satzarten, Zeichensetzung (60489)
Rechtschreibung: Wortbausteine (60293)

ENGLISCH

5. und 6. Klasse
Grammatik: Zeiten. Mit Vokabeltrainer. (60290)

7. und 8. Klasse
Grammatik: Zeiten, if-Sätze. Mit Vokabeltrainer (60291)
Grammatik: Zeiten, indirekte Rede, if-Sätze Typ III, Adjektiv, Adverb. Mit Vokabeltrainer (60389)

8. und 9. Klasse
Grammatik: Artikel, 'progressive form', Relativsatz, Passiv. Mit Vokabeltrainer (60395)

LATEIN

1. Lernjahr
Grammatik: Satzglieder, Deklination, Konjugation. Mit Vokabeltrainer (60183)

CHEMIE

1. Lernjahr
Reinstoffe, Gemenge, Aufbau der Stoffe (60185)

3688/1

rororo sachbuch

MATHEMATIK

3. Klasse
Kleines Einmaleins bis 100 (60184)
Großes Einmaleins bis 1000 (60187)

3. und 4. Klasse
Grundrechenarten (60294)

4. Klasse
Sachaufgaben (60488)

5. und 6. Klasse
Bruchrechnung (60299)
Dezimalbruchrechnung (60394)
Geometrie: Rechteck, Quadrat, Würfel (60296)
Geometrie: Symmetrie, Kreis, Winkel (60295)
Sachrechnen: Längen, Gewichte (60393)

7. Klasse
Bruchrechnung, Proportionen, Dreisatz (60182)
Prozentrechnung (60188)

8. Klasse
Gleichungen und Ungleichungen, Geradenfunktionen (60391)

ERFOLGREICH IN DER SCHULE

Eltern helfen ihren Kindern, Lehrer fördern ihre Schüler (60189)

HAUSAUFGABEN – SO KLAPPT'S BESSER

Hilfen und Anregungen für Schüler, Eltern und Lehrer (60491)